MARIO DE MICCO

IL LEAN MANAGER

Le Strategie dell'Imprenditore Innovativo per Tagliare i Costi e Semplificare le Procedure Aziendali

Titolo

"IL LEAN MANAGER"

Autore

Mario De Micco

Editore

Bruno Editore

Sito internet

http://www.brunoeditore.it

Sommario

Introduzione

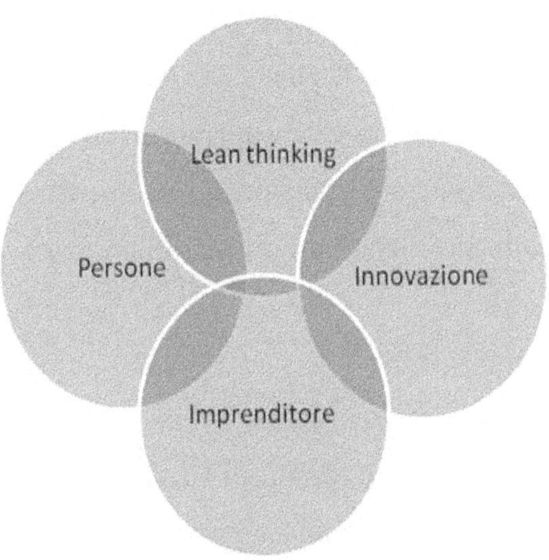

Figura 1

La gente non vuole imbattersi nel cambiamento, non vuole cambiare qualcosa che, più o meno, funziona. Ma chiunque, forse, opterebbe per il cambiamento se sapesse che ci sono metodi provati e comprovati (di seguito descritti) che hanno dato vita a un successo dopo l'altro.

Il **lean thinking** da circa 15 anni, da quando cioè James P. Womack e Daniel T. Jones pubblicarono con Daniel Roos il volume *La macchina che ha cambiato il mondo*, affronta un tema alla portata di tutti i Paesi (in Italia, per esempio, il caso Ducati ha fatto storia), ed è diventato il punto di riferimento per tutte quelle aziende che si propongono di recuperare efficienza e redditività rendendo i propri processi di funzionamento snelli, veloci, efficaci, reattivi, flessibili: in sostanza, diventare un'azienda capace di innovare.

Un'ulteriore ambizione di questo corso è rispondere a un intervento di un utente di un forum sul lean management:
«*È da tanto tempo che mi ripeto e racconto il mio ossessionante obiettivo di diventare imprenditore, avere un'azienda con cui esprimere quello di cui mi sento capace e avere successo. Lavoro come dipendente da 13 anni, a breve diventerò dirigente, ma la cosa non mi motiva più di tanto. Ho realizzato innovazioni fondamentali nel mio ambito di lavoro, ricevendo costantemente riconoscimenti soprattutto dai clienti, in azienda mi sono mosso fin dal primo giorno agendo un po' come fossi davvero l'imprenditore. Nel corso degli anni ho avuto molte idee, a proposito di nuovi business da avviare e molti di questi li ho visti nascere per opera di altri, mai sono riuscito a passare dal*

pensiero all'azione».

Il presente corso affronterà la questione posta dall'utente, e cioè: «Come si fa?» «Cosa deve "scattare" nella propria testa e nel proprio cuore per decidere di buttarsi?» «Quali sono i segnali da riconoscere?» «Bisogna davvero essere degli squali spregiudicati, pronti anche a cose non del tutto lecite?» E come fare se hai idee e competenza ma non soldi, magari con un mutuo e una famiglia a carico? Che dire del tempo: come si riesce a stare in equilibrio nel proprio lavoro e nello stesso tempo lavorare per fare il grande salto? Si può facilmente affermare che la risposta può ricercarsi, in parte, nel *lean thinking*, e di seguito vedremo in che modo.

Naturalmente, nel testo ci saranno degli assunti da condividere fin da subito, senza i quali non ha senso discutere di altro:

- un'azienda non può esistere se non punta ad essere innovativa;
- se ritieni di non aver più nulla da imparare vorrà dire che hai smesso di essere un imprenditore;
- non si nasce imprenditori, si diventa.

Tutte le affermazioni fatte nel testo, così come le tre precedenti, hanno lo scopo di sintetizzare i cardini della disciplina di innovazione lean e sono concetti sempre dimostrabili e ampiamente rintracciabili in letteratura. Tutti gli apparenti postulati, quindi, in realtà sono frutto di esperienze pratiche che hanno alla base un'analisi comprovata, spesso, da studi statistici. Durante il lavoro, inoltre, ho cercato di dare link bibliografici e sitografici che possano, almeno in parte, indirizzarti in maniera efficace verso approfondimenti o chiarimenti sulle tematiche qui sviluppate e non.

Nel primo capitolo saranno proposti i concetti base del *lean thinking*, dell'innovazione aziendale e della gestione delle risorse a disposizione dell'azienda. Nel secondo capitolo verranno approfonditi gli strumenti pratici e le tecniche fondamentali di snellimento sistemico utilizzati dalle aziende lean, portando come esempio esperienze, internazionali e non, di successo. L'intento dei primi due capitoli è di illustrare i passaggi della **Figura 2**.

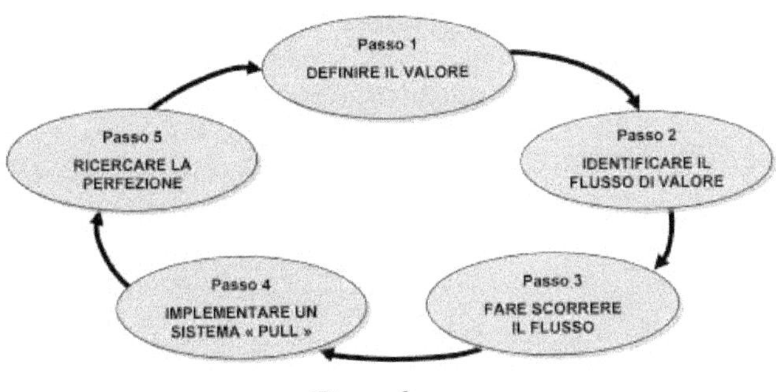

Figura 2

Nel terzo capitolo saranno analizzati il carattere e le attitudini necessarie all'imprenditore innovativo di successo. Infine, nell'ultimo capitolo presenterò una sintesi sui mezzi e i metodi necessari per intraprendere l'attività imprenditoriale.

«*L'intento principale di questo lavoro è riassumere il significato e fornire gli strumenti e le basi culturali del pensiero snello (lean thinking) da acquisire e far assimilare ai dipendenti e agli stessi imprenditori. L'ulteriore obiettivo è quello di decifrare le caratteristiche di base di un imprenditore di successo innovativo con lo scopo di invogliare ed indirizzare il lettore all'attività imprenditoriale*».

Se non hai mai sentito parlare di tecniche lean o se hai dubbi sul tuo modo di interpretare l'azienda, o se semplicemente vuoi approcciare all'attività imprenditoriale o professionistica, il mio consiglio è di dedicare, necessariamente, qualche giorno alla lettura di questo testo.

CAPITOLO 1:
Come scovare gli sprechi

Cominciamo con l'illustrazione semplificata dei principi cardine, e poi degli strumenti operativi alla base del lean thinking, che ormai da circa dieci anni si insegnano nelle Università e nei corsi avanzati di Lean Supply Chain e Lean Management aziendale di tutto il mondo.

Così facendo, ripercorreremo insieme, anche mediante l'analisi di attualissime esperienze aziendali, gli elementi che definiscono come una cultura *risultata vincente* per aziende di produzione di grande entità, quali ad esempio quella Toyota, sia applicabile anche a una piccola o media impresa (PMI) di carattere innovativo e, sovente, anche a qualsiasi attività che si intraprende nella vita privata.

Potrei dire, quindi, che qui vi è una riproposizione dell'essenza del concetto di innovazione lean, prima applicata alla sola industria di processo, oggi ovunque rivista in chiave operativa.

Per rendere più efficace la realizzazione pratica di ciò che ho scritto, ti invito durante la lettura, a visualizzare idealmente un'azienda che ritieni di conoscere bene dall'interno: un ristorante, o piuttosto l'ufficio sotto casa. In altre parole, ti invito a immaginare di applicare alla pratica quello che leggi, indossando, di volta in volta, i panni del responsabile di un ufficio acquisti, dell'impiegato, dell'imprenditore, del direttore di funzione/di reparto, dell'operaio o del direttore generale.

Come interpretare l'innovazione?

Ricorda sempre: la ricerca dell'innovazione è il fulcro del successo della tua azienda. L'innovazione può essere quella più comunemente intesa: l'aumento incrementale del livello tecnologico del bene prodotto, cioè un'*innovazione di prodotto*, può essere relativa al marketing e alla percezione che i clienti hanno del prodotto e quindi un'*innovazione commerciale;* ancora, può intendersi per innovazione l'implementazione di processi o procedure aziendali nuove, ad esempio metodi di lean management; il far fruire prodotti o flussi di informazioni all'interno dell'azienda in modo differente rispetto agli altri, (in tal caso si parlerà di *innovazione dei processi*) e, infine, un'*innovazione delle persone,* con la creazione delle condizioni organizzative e sociali che favoriscano lo sviluppo delle precedenti tipologie di innovazione.

Che tu sia il direttore generale, il manager o l'imprenditore dell'azienda, che tu gestisca il ristorante, l'azienda di distribuzione merceologica o la grande multinazionale farmaceutica, se punti all'implementazione dei principi lean orientati all'innovazione, potrai constatare quanto questi ultimi miglioreranno te stesso e l'azienda in cui operi.

La storia ha, di fatto, già confermato quanto le aziende che puntano all'innovazione siano proiettate al successo economico e sociale. Un esempio che ben rappresenta quanto appena esposto, e cioè la potenza del combinare i diversi tipi di innovazione, è ben rappresentato dal caso di successo della Toyota Prius: nonostante fosse un'auto ibrida e tecnologicamente avanzata, è arrivata sul mercato dopo altri modelli, anche tecnologicamente meno avanzati, e perfino dopo il periodo di picco della domanda di mercato.

In particolare, alla data della sua uscita sul mercato, c'era già la Honda Insight, ma questo non frenò la Toyota nella ricerca dell'innovazione combinata che portò la Prius ad essere l'auto più venduta nel mercato dei motori ibridi. Fu tutto frutto dell'applicazione lean e dell'ottica innovativa nella visione aziendale.

SEGRETO n. 1: diffondere tra i dipendenti il concetto di innovazione combinata amplifica le possibilità di successo a tutti i livelli.

Ma partiamo dall'inizio: cosa c'era nella mente di quei progettisti e di quei manager che puntavano al risultato e alla soddisfazione del cliente? Queste persone erano forti del fatto che il loro ritardo non avrebbe creato perdite se avessero seguito tutti i passi del loro lean system (il loro sistema di pratiche e di pensiero lean, "snello") puntando, così, all'innovazione combinata. Tutto parte dall'analisi delle prassi (le abitudini) di un'azienda.

Cosa sono le abitudini di un lavoratore?

Non è forse il modo stesso di lavorare, l'abitudine, che definisce i tempi e i flussi (di prodotto, servizio o informazioni) nell'azienda? Intervenendo, quindi, sulle procedure e sulla semplificazione o sulla standardizzazione dei flussi, si alterano le *abitudini*.

Ciò avviene, ad esempio, in maniera molto traumatica e spesso infruttuosa, quando si introduce una tecnologia nuova e di difficile utilizzo, o quando sono le procedure ad essere cambiate senza il coinvolgimento morale del dipendente stesso, come avvenne, ad esempio, anni fa con l'introduzione dei metodi Total Quality management per l'ottenimento dei certificati di qualità ISO 9000.

Di fatto, *schematizzare, standardizzare e frammentare* sono termini spesso rappresentativi di concetti difficili da applicare nella realtà, soprattutto per le resistenze di chi deve attuarli nella pratica quotidiana.

Bisogna partire dalla considerazione comprovata che *curare può arrivare a costare fino a 30 volte di più*, in termini sia di tempo che di costi, *rispetto a prevenire*. E, inoltre, imparare più velocemente degli altri è un vantaggio competitivo rispetto alla concorrenza. L'obiettivo, quindi, da perseguire, mediante l'attuazione dei tre concetti di cui sopra, deve essere quello di minimizzare gli sprechi e di imparare più velocemente.

Schematizzare = utilizzare gli strumenti (come il VSM e gli altri illustrati nel capitolo 2) che semplificano la rappresentazione dei processi, il che è fondamentale per riconoscere gli sprechi e fissare gli obiettivi di miglioramento delle tempistiche e delle perfomance aziendali.

Standardizzare = porre le regole a un gioco che altrimenti non risulterebbe chiaro e lineare. Tutti gli sport hanno regole, anche se la fantasia e la creatività è sempre e ovunque bene accetta. La differenza tra un atleta mediocre e uno eccezionale è che, seppur partendo entrambi da regole precostituite, il secondo riesce a sfruttarle a suo vantaggio.

Frammentare = dividere le attività in sottogruppi e in sottoperiodi, frammentarle e decifrarle il più possibile attribuendo tempistiche razionalmente condivise e utili a svolgere bene un'attività, con obiettivi chiari e ben definiti. Se non ti è chiaro qualcosa continua a leggere e a sforzarti di rappresentare nella tua mente questi concetti in maniera pratica e tutto sarà, man mano, più semplice del previsto.

SEGRETO n. 2: creatività e disciplina camminano nella stessa

direzione. Schematizzare, standardizzare e frammentare è un impulso alla creatività, all'abbattimento degli sprechi e alla velocità nell'imparare nuove cose.

Come frammentare efficacemente un'attività?

Paradossalmente tutti tendiamo a trovarci di fronte a problemi che, invece, potevano essere previsti ed eliminati tempo prima, e ci ritroviamo, poi, ad affrontarli, nel migliore dei casi, con delle studiatissime e complicatissime tecniche di *problem solving* (tecniche studiate in master di formazione avanzata che servono a fronteggiare l'imprevisto). Puoi facilmente convenire con me sul fatto che ciò crea spreco e perdite di tempo. La tendenza delle persone a non standardizzare, frammentare e schematizzare è causata principalmente da tre elementi:

1. la cultura aziendale troppo radicata, costituita da schemi e pratiche obsolete che non rispecchiano le logiche dell'azienda orientata all'innovazione, tali per cui l'azienda non riesce a definire obiettivi utili al miglioramento del *cash flow* (flusso di cassa) e dell'innovazione;
2. la produzione di maggior quantità di dopamina (che provoca un senso di eccitazione) derivante dall'affrontare il *multitasking*

(ovvero lo svolgimento di più attività contemporaneamente), magari con avvenimenti imprevisti che ci deconcentrano creando perdite di tempo e, a lungo termine, determinando anche stati di stress;

3. la tendenza a non voler *condividere* conoscenze e tecniche operative con l'implementazione di sistemi come il know-how data base e l'obeya system (capitolo 2) e a non incentivare la fruizione dei flussi di informazione in maniera agevole e più frequente all'interno dei reparti e tra le persone in azienda.

Applicando il lean thinking questi inconvenienti saranno evitati. Bisogna, quindi, tenere sempre presente queste tre tendenze che creano spreco e combatterle attraverso i sistemi lean che saranno descritti in seguito. Ti sembra una cosa semplice da fare? Si tratta, in sostanza, di saper applicare metodi lean sperimentati e standardizzati ma che si evolveranno sempre secondo schemi nuovi, anche se basati sull'utilizzo di mezzi innovativi di volta in volta simili o, addirittura, uguali.

Durante l'introduzione di un nuovo prodotto, di una modifica alla linea di produzione o al prodotto stesso, di un nuovo servizio o, più in generale, nell'ipotesi di avvio di una nuova attività, è fondamentale *pianificare e coordinare le persone e le risorse a disposizione* ed è importante farlo *a monte del progetto* o del processo in modo da prevenire, minimizzando, gli imprevisti e le spese in itinere. Per fare questo in maniera agile ci vuole la convinzione di voler realizzare il lean thinking, unitamente a tanta esperienza. L'esperienza si ottiene solo ed esclusivamente attraverso molti fallimenti ed esperimenti non riusciti come preventivato. Naturalmente il senso è fare tesoro degli errori commessi.

Esiste la formula per costruire un'azienda perfetta?

Allo stato attuale della conoscenza umana non esiste la soluzione a tutti i mali o la formula per costruire un'azienda perfetta. L'idea che il successo risieda in un singolo metodo, in un singolo schema di processo, è una interpretazione errata delle cose.

Partendo dalla tesi di Chan Kim e Renè Mauborgne, i quali affermano che il mercato è immenso e non bisogna soffermarsi molto sulla concorrenza (io aggiungerei: senza trascurare il *benchmarking*, fondamentale anche nei sistemi lean durante la fase iniziale di lancio di un prodotto/attività), bensì solo sulle potenzialità della propria azienda, possiamo dire che l'applicazione del pensiero snello e delle tecniche lean assicurano oggi, se applicate efficientemente come dimostrano i dati di aziende lean (Apple, Procter & Gamble, Lamborghini, Toyota, Continental e tante altre lean start-up innovative e di rilievo internazionale) un successo certo.

Purtroppo l'avvio dell'applicazione lean ha bisogno di una forte modifica nella cultura dell'azienda tradizionale e delle persone che la compongono. Una valida sintesi può essere quella di una corsa automobilistica, ad esempio di una gara di rally. L'esito della corsa non risiede nella macchina, che una volta prodotta sforna prestazioni sempre uguali e vincenti, ma dipende da chi la guida, dal manto stradale, dalle condizioni atmosferiche e dalla fatalità degli eventi. Tant'è che puoi convenire sul fatto che è il controllo e la cura che si possiede su tutte queste variabili a determinare la vittoria. L'obiettivo è la vittoria, non è avere una macchina perfetta, anche se questo può aiutare.

Quindi, fuori di metafora, il controllo e il risultato della combinazione delle variabili è più importante della performance dei singoli elementi se si guarda all'obiettivo finale che, nel caso dell'azienda, deve essere uno solo: la soddisfazione del cliente. Ma chi è il cliente? Immaginiamo una multinazionale ben strutturata: chi è il contraddittore di un progettista o dell'operaio, il suo cliente? La risposta è nell'implementazione nel cosiddetto *pull planning* (ne parleremo più approfonditamente nel Capitolo 2).

Cos'è il vero snellimento aziendale?

Lo svolgimento di ogni attività umana, così come per un'attività aziendale (ad es.: la stesura di un progetto, l'invio di mail commerciali, la compilazione di fatture, la redazione dei turni di lavoro ecc.), si delinea sempre percorrendo una curva che può essere rappresentata in un piano **costi/tempo** dove i costi sono valutabili in termini di energia impiegata (vedi Figura 3).

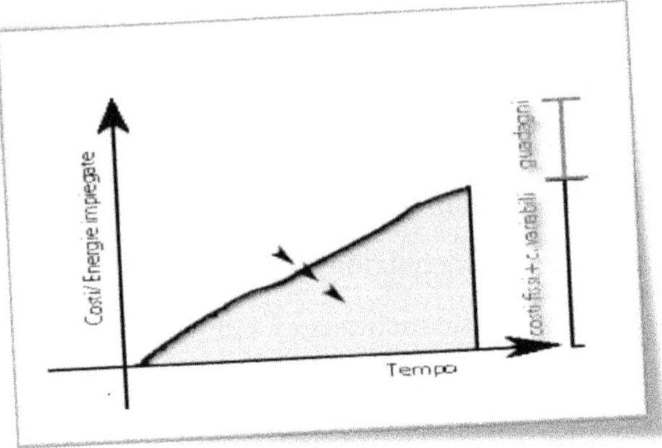

Figura 3

Tale curva è rappresentativa, come detto, dello svolgimento di un'operazione o di un progetto. Immaginiamo di cominciare una qualsiasi attività: un compito, un lavoro, un processo aziendale. Una volta conclusa l'operazione, ci sentiamo più liberi e pronti a dedicarci ad altro con ancora più convinzione, avendo alle spalle un compito già svolto. Pensa alla sensazione che provi quando sei giunto al termine di un progetto impegnativo: è una sensazione di energia liberata, di benessere mentale.

L'obiettivo che dovremmo andare a realizzare è ridurre l'area gialla sottesa alla curva del grafico sopra, che rappresenta analiticamente lo sforzo, economico o energetico (definito in un intervallo di tempo) che serve a realizzare una determinata operazione. Il compito dell'imprenditore innovativo o di un manager innovativo orientati al lean thinking, è di realizzare lo "snellimento", e quindi ridurre quest'area. Come fare? Ci sono due diverse strade per arrivare a quest'obiettivo, ma quella utilizzata più frequentemente oggi nelle aziende tradizionali è certamente "la fretta". Esiste, infatti, una netta distinzione tra *fretta* e *velocità*: fare una cosa in fretta non implica che sia fatta bene e, anzi, è molto probabile che sia fatta in maniera disorganizzata e con livelli di qualità insoddisfacenti. La velocità è tutt'altro.

La velocità deve essere intesa come riduzione dei soli tempi (di conseguenza anche dei costi: vedi grafico) con uguale qualità. Questo, però, si realizza attraverso processi relativamente complessi che nascono da una continua analisi su se stessi e sulle situazioni che ci circondano e che ora andremo ad analizzare e a scomporre in tre passi.

Come prima annotazione vorrei invitarti a considerare che quando si è immersi in un'attività, così come quando si è imprenditori presi dalla propria azienda, non è facile guardarla dal di fuori né essere imparziali; non è semplice, cioè, guardarla con gli occhi dei clienti o di un dipendente che deve svolgere il suo compito in maniera quanto più possibile efficiente.

Uno dei punti cardine per il successo di un'azienda, e che troppo spesso viene trascurato poiché *non ritenuto direttamente responsabile di profitti*, è proprio la cosiddetta *customers satisfaction*. Il perseguire, cioè, costantemente e ostinatamente *la soddisfazione del cliente*, concetto alla base del pull planning.

Un **primo passo** verso lo snellimento dell'area della curva, è quello di immedesimarsi nel cliente; percepire, quindi, l'azienda o l'operazione dall'esterno, da lontano, con gli occhi di un altro. Fatto ciò, è importante porsi sempre, per l'intera durata dello svolgimento della curva, la seguente domanda: se tu fossi il cliente (o, per un impiegato, se tu fossi colui che usufruirà del tuo lavoro finito) quello che stai realizzando è quello che serve per ottenere la tua soddisfazione?

Nelle aziende lean giapponesi (il Giappone è ovviamente la patria della cultura lean) è impensabile e quasi assurdo immaginare che durante una riunione, un manager o un dipendente incolpi un suo collega per un problema. Lui, in quanto cliente di quel processo, va a constatare di persona le problematiche, si impegna a capirle e, eventualmente, a segnalare al collega o a chi di dovere le soluzioni.

SEGRETO n. 3: ciò che per te può valere poco (o tanto) potrebbe non costituire una percezione condivisa del reale valore del bene/servizio o del processo. Rendi oggettiva la tua valutazione sul valore ponendo al centro il cliente.

Secondo passo: è necessario fissare nella nostra mente altri tre concetti di base che, come gli altri finora esposti, sono concetti semplici e in realtà già conosciuti, ma spesso non ritenuti funzionali al profitto:

- **una persona soddisfatta lavora meglio di una persona insoddisfatta**. Le persone non sono da considerasi *mere risorse*, così come definite nella letteratura economica classica: sono esseri umani capaci di innovare, di produrre idee, di emozionarsi e collaborare alla crescita;
- il concetto di *valore* di un bene, inoltre, non deve essere

soggettivato: quello che per noi può avere un valore troppo basso per essere considerato, soprattutto oggi, dovrebbe in realtà sempre essere tenuto in debito conto. È proprio attraverso la riduzione degli sprechi inutili (che significa, appunto, applicare i metodi lean) che si ottengono i maggiori guadagni;

- quando pensi, discuti o pianifichi a proposito di soldi, pensa sempre in un'ottica di lungo o lunghissimo periodo: pensare di ottenere un piccolo guadagno oggi non serve ad assicurarti un guadagno duraturo, e soprattutto non ti assicura di creare un'azienda vincente.

A questo punto è ancora più chiaro che solo con l'ottimizzazione (nel senso, quindi, di riduzione degli sprechi e non di tagli indiscriminati) si ottiene una riduzione dell'energia e del tempo impiegato per eseguire un'operazione e, di conseguenza, delle voci di costo e dell'area sottesa alla curva del grafico di cui prima si discuteva.

Terzo passo, che è anche il più articolato, è quello dell'implementazione dei concetti prima descritti, arrivando quindi alla pratica realizzazione dello snellimento innovativo che necessita, inesorabilmente, di un veicolo: le persone.

Come spesso accade, può risultare molto più facile avere un piano innovativo rispetto a realizzarlo nella pratica. In primo luogo c'è da considerare il divario spaziale e temporale che esiste tra il concepimento dell'innovazione e la sua realizzazione, che è una cosa da tenere a mente già durante la fase embrionale dell'innovazione.

Partendo poi dal primo e dal secondo passo si può bene intuire che le migliori innovazioni, come dimostra la storia, non possono che venire dai primi gradini, in genere quelli più in basso, della scala di realizzazione di un prodotto o di un servizio. Il coinvolgimento costante del personale dipendente (nonché, ove pensabile, del cliente stesso), che implica una rivoluzione nelle direzioni e nelle intensità convenzionali dei flussi di informazione all'interno di un'azienda tradizionale, deve essere realizzato in modo il più possibile considerevole.

Ti consiglio di soffermarti un po' a ragionare su due degli *slogan* del lean thinking tra i più citati in letteratura; il primo è l'antico detto che recita: «Per fare una cosa male ci vuole almeno lo stesso tempo che per farla bene». L'altro è un detto sub-sahariano: «Se corri solo, forse, arriverai primo ma se corri insieme agli altri sicuramente arriverai lontano».

In estrema sintesi, la gestione del personale deve avvenire tenendo presente che, oltre a un sistema di premi in denaro a sfondo meritocratico (legato al fatturato e alla soddisfazione del cliente), da tenere sempre in considerazione, per la maggior parte delle persone la vera retribuzione è il fatto di *sentirsi partecipi nel realizzare qualcosa di importante*. Sembra assurdo, ma il trucco è responsabilizzare e dare fiducia al dipendente e quindi adottare metodologie di sensibilizzazione aziendale che abbiano come obiettivo quello di tirare a bordo tutti i dipendenti facendoli sentire proprietari, in parte, dell'azienda e del suo progetto. Ciò può essere molto più fruttuoso di alcuni atteggiamenti autoritari, o peggio dispotici.

Il fattore emozionale è, quindi, uno degli elementi fortemente caratterizzanti del lean thinking, ed è alla base dell'integrazione innovativa dei 4 fattori di cui in **Figura 1**. Nel capitolo 2 verrà descritta la tecnica di formazione lean del personale di un'azienda.

Il Frontloading e il Trashing

Ciò detto, definiamo come distribuire il tempo durante un'attività qualsiasi. Come ben rappresentato in **Figura 4**, nel lean thinking, differentemente dall'approccio tradizionale, si applica il *frontloading*: spalmare l'intero sforzo prima (o anche molto prima) della data programmata di consegna del lavoro o di avvio della produzione.

Questo è possibile, naturalmente, quando si ha cognizione delle tempistiche e delle date precise di consegna o fine progetto. Infatti, è da quelle che si parte per definire l'organizzazione, attraverso schemi VSM, concept-paper e check-list (meglio descritti nel capitolo 2) di qualunque progetto. Porsi razionalmente delle scadenze è, quindi, cosa necessaria.

Nella **Figura 4** il numero delle modifiche si riferisce alle volte in cui, ad esempio, si modifica il progetto o si cambia rotta rispetto alle idee iniziali. Una dimostrazione pratica può essere ricercata nel progetto per l'inserimento di una nuova macchina per la micro foratura degli iniettori, avviato e brillantemente concluso dalla multinazionale Continental presente in oltre quarantacinque paesi e con un fatturato di oltre 25 miliardi di euro/anno. Il tempo era poco e le scelte difficili e rischiose. Ma attraverso l'innesco dei meccanismi lean e, in particolare, di una mole di lavoro distribuita soprattutto a monte della progettazione e della pianificazione del processo produttivo, si è giunti al successo innovando e superando il periodo di crisi che il mercato sta tutt'oggi vivendo.

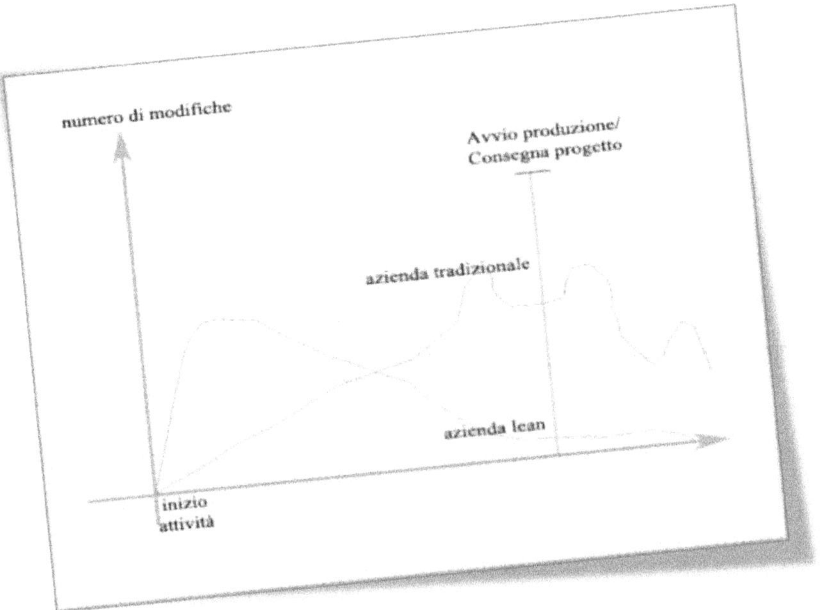

Figura 4

SEGRETO n. 4: organizzare i maggiori sforzi e concentrare l'impegno all'inizio di un'attività significa minimizzare gli imprevisti e ottimizzare il risultato finale.

A monte di ogni attività o di ogni progetto è posizionata la cosiddetta fase di *trashing* o, come la chiamano i giapponesi, *kentou.* In estrema sintesi, questa è la fase in cui si litiga, ci si confronta anche con animosità, si cercano e si creano tutte le alternative possibili e immaginabili con lo scopo di:

- non scontrarsi, in maniera spesso infruttuosa, durante la realizzazione pratica del progetto, perdendo tempo prezioso;
- minimizzare l'eventualità dell'imprevisto in itinere evitando di affrontare costi inaspettati durante la fase di realizzazione del prodotto/servizio;
- capire e acquisire consapevolezza su cosa il cliente si aspetti fino ad arrivare a una *condivisione radicale del progetto*, processo che i giapponesi chiamano *nemawashi*, con l'obiettivo di realizzare una visione unitaria dell'obiettivo.

La pratica del trashing è fondamentale ed è da avviarsi sempre all'inizio di ogni progetto, programma o attività in genere.

Naturalmente i mezzi utilizzati, necessari per arrivare a una visione condivisa dell'obiettivo, sono l'analisi delle curve di trade-off, i trend di mercato, il *benchmarking* (un processo continuo di misurazione di prodotti, servizi e prassi aziendali, mediante il confronto con i concorrenti più forti sul mercato) e, magari, la redazione di un business plan che può aiutare a fare chiarezza sulle prospettive future.

SEGRETO n. 5: la fase progettuale di un prodotto, così come quella di start-up di una qualsiasi azienda, influenza il 70% dei costi totali e genererà, poi, sprechi e problemi se non viene svolta secondo i principi del lean thinking e utilizzando le tecniche del frontloading e del trashing.

Come capire cos'è e dov'è lo spreco in azienda

Riprendiamo i discorsi precedentemente affrontati riguardanti lo snellimento e il concetto di valore. Si può affermare che tutto parte dalla focalizzazione del tipo di valore da prendere in considerazione. Partiamo dalla seguente classificazione, in generale, delle azioni all'interno dell'azienda:

- *attività a valore aggiunto*: quelle che creano valore per il cliente e che sono indispensabili alla creazione del prodotto. Es.: l'invio di una mail commerciale che andrà a buon fine;

- *attività inutili:* quelle che non creano valore e non sono indispensabili, ma frutto di abitudini consolidate. In altre parole, gli sprechi, causati spesso dalle interruzioni e dal multitasking, che fanno perdere fino al 60% dell'efficienza;
- *attività senza valore aggiunto:* attività che non portano valore al cliente ma che sono necessarie, quali gli adempimenti normativi. Es.: il controllo di gestione oppure la semplice richiesta al fornitore di una dichiarazione di conformità.

Su quali di queste attività bisogna lavorare per ridurre gli sprechi? Mentre per te risulterà logico e intuitivo, in seguito a questa suddivisione, puntare al ridimensionamento delle attività inutili ai fini del valore, è, invece, un fatto statistico che la maggior parte degli sforzi spesso viene riposta nella riduzione delle attività a valore aggiunto: si pensi, ad esempio, all'acquisizione di potentissimi software che riducono il tempo di invio delle email, di redazione di un bilancio, di realizzazione di un disegno CAD al massimo del 20%.

Facciamo due conti: come potrai constatare di persona nella tua o in qualsiasi altra azienda, una volta comprese le macro-categorie di attività inutili in seguito elencate, *le attività a valore aggiunto rappresentano mediamente solo il 20%* delle attività nell'ambito produttivo (10-20% negli uffici). Pertanto, ridurre le attività a valore aggiunto del 20%, magari con sforzi colossali, significa attuare una riduzione totale del solo 4% del tempo di realizzazione di un'attività. Cosa ben diversa, come puoi facilmente calcolare, avviene invece intervenendo sulle attività senza valore aggiunto.

Quindi, l'attenzione, come mostra la Figura 5, è da riporsi non nelle attività a valore aggiunto, come fanno le aziende tradizionali, bensì principalmente nelle attività inutili, semplicemente perché, una volta individuate, è più economico, anche se a volte è più difficile, per via delle suddette resistenze interne al cambiamento, rimuoverle.

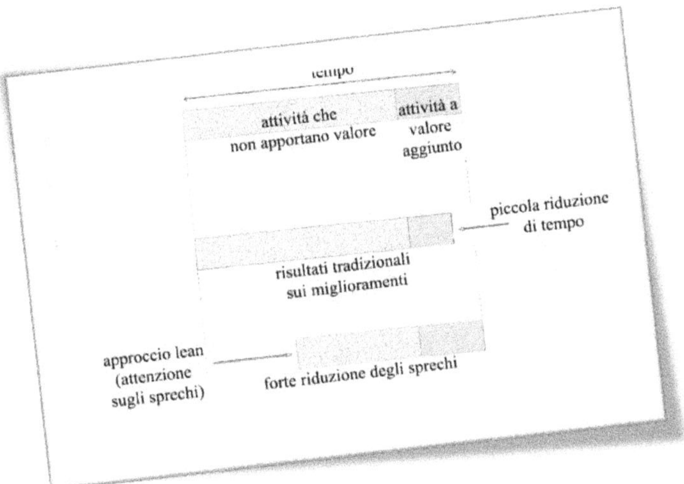

Figura 5

Le 5 S

Spesso, se frequenti ambienti lean, sentirai parlare delle 5 S, che all'inizio della campagna di promozione lean creavano un'eco di terrore tra i dipendenti, mentre oggi costituiscono concetti che sono stati arricchiti e implementati e risultano invece, nella loro realizzazione, un bene tanto per il lavoratore quanto per l'azienda.

I giapponesi hanno suddiviso e sintetizzato, in perfetta ottica lean, le fasi e i principi di un lean system. Tieni sempre a mente queste fasi e falle tue perché sono alla base del pensiero lean:

Fase 1 – ***Seiri*****: scegliere e separare.** Analizzare tutti gli strumenti e i materiali presenti nell'area del lavoro e mantenere solo quelli essenziali. Tutto il resto è immagazzinato o eliminato. Questo porta a meno rischi e meno ingombri che possono interferire con il lavoro.

Fase 2 – ***Seiton*****: sistemare e organizzare.** È necessario avere un posto di lavoro ordinato. *Ordinato* significa sistemato in modo da organizzare la linea per favorire il flusso del lavoro. Strumenti e attrezzi devono essere tenuti dove saranno utilizzati e il processo deve essere ordinato per eliminare i movimenti non necessari.

Fase 3 – ***Seiso*****: Controllare l'ordine e la pulizia.** È necessario mantenere il posto di lavoro pulito e ordinato. È un'attività che deve essere fatta giorno per giorno. Alla fine di ogni turno l'area di lavoro viene pulita e tutto è rimesso al proprio posto. Mantenere la pulizia e l'ordine deve essere parte del lavoro normale, non una cosa occasionale da fare quando tutto diventa troppo disordinato.

Fase 4 – ***Seiketsu*****: standardizzare e migliorare.** Standardizzare le pratiche lavorative è più di una pulizia organizzata: significa operare in un modo consistente e standardizzato. Ognuno sa quali sono le proprie responsabilità. Le procedure della produzione devono essere sempre uguali, così che se cambia qualcosa, sarà ovvio. È qui che i controlli visivi come **Kanban** e **Andon** sono utili.

Fase 5 – *Shitsuke*: sostenere la disciplina. Mantenere gli standard. Una volta che le prime 4 S sono state implementate, diventano il nuovo modo per operare. Bisogna mantenere il focus sul nuovo modo di operare e non permettere un declino graduale verso i vecchi modi di lavorare.

SEGRETO n. 6: in ogni tua scelta punta sempre al guadagno nel lungo o nel lunghissimo periodo. Chiediti sempre: rinunciando a questo, oppure spendendo questi soldi, otterrò un beneficio maggiore della spesa tra 2, 3 o 4 anni?

Come riconoscere gli sprechi?

Uno dei padri fondatori del lean thinking, del quale potreste, volendo, approfondire le gesta, è Taiichi Ohno, il quale all'interno del suo spazio sempre uguale, il cosiddetto cerchio di Ohno, (uno spazio in cui sostava per ore e ore, all'interno dell'edificio di produzione) riusciva ogni giorno a cogliere e visualizzare tutti gli sprechi e le loro cause riuscendo così a classificarli in "7 sprechi capitali" (7 Wastes), che vale la pena analizzare e assimilare singolarmente anche perché, seppur nati dall'analisi di un ambiente di produzione, possono essere applicati, così come sostenuto, tra gli altri, dal prof. J.Liker (University of Michigan), anche negli uffici.

Prima, però, vi fornisco sinteticamente il significato di pochi termini, che troverete qui e in tanti altri contesti, ma spesso utilizzati anche in ambienti di produzione industriale, o negli uffici:

- **lead time:** tempo di attraversamento, ovvero tempo che intercorre tra il momento in cui è disponibile l'input e il momento in cui è disponibile l'output;
- **takt time:** ritmo della produzione, ossia tempo necessario a produrre un singolo componente o l'intero prodotto (tempo totale disponibile giorno);
- **time to market** (o TTM): espressione anglofona che indica il tempo che intercorre dall'ideazione di un prodotto alla sua effettiva commercializzazione;
- **delivery time:** tempo di consegna, dalla conferma dell'ordine all'arrivo del bene;
- **push**: spingere;

- **pull**: tirare.

Inoltre, altri termini spesso utilizzati sono:

- **WIP**: Work In Process (code, prodotti incompleti);
- **PCE**: **Efficienza di Processo** (PCE – Process Cycle Efficiency): percentuale di quanto del tempo ciclo è a valore aggiunto e quanto è spreco. Tempo che aggiunge valore su Lead Time totale.

Il prof. J. Liker, quindi, da parte sua ha definito 12 macro-categorie di spreco negli uffici riconducibili agevolmente alle 7 categorie individuate da Ohno e successivamente descritte.

Cerca di soffermarti, poi, anche in un secondo momento, sulla comprensione e la rilettura di questi sprechi perché sarà essenziale saperli riconoscere per poterli combattere. Negli uffici sono:

- passaggi di mano;
- eccesso di qualità esterna;
- attese;
- attività ridondanti;
- stop and go;

- transazioni;
- reinvenzione;
- mancanza di disciplina;
- variabilità dei processi e degli input;
- sovrautilizzo del sistema;
- grandi lotti;
- attività simultanee o concomitanti non sincronizzate.

Un valido esercizio per te è quello di cercare di capire a quali categorie dei 7 sprechi capitali di Ohno riferiti all'ambito della produzione e di seguito indicati, fanno riferimento i 12 punti testé riportati.

SEGRETO n. 7: le cause di spreco in ufficio sono paragonabili in tutto e per tutto a quelle della produzione industriale. Impegnati a capirle e a ricercarle nella tua azienda.

L'abbattimento dello spreco parte dalla comprensione delle cause che lo generano. Tagliare non vuol dire ottimizzare! Ridistribuire e razionalizzare sono i *must* del lean thinking e, forse, la soluzione a tutti i mali, tanto i tuoi quanto quelli della società.

Attese

Costituiscono spreco tutti i tempi di attesa (accodamenti) “non strettamente necessari” al ciclo di fabbricazione del prodotto; in pratica, si tratta della differenza fra il tempo totale di attraversamento (Lead Time) del flusso produttivo di un bene/servizio e il suo “tempo di fabbricazione” (somma di tutti i tempi ciclo “vivi”, necessari per il processo tecnologico).

Fra le cause più comuni di tali sprechi, si individuano errori di sincronizzazione delle fasi dei processi (lavorazioni), ritardo di arrivo dei materiali, code improvvise, ritardi dovuti a guasti degli impianti, mancanza di operatori, attese per attrezzaggio macchina; per quanto attiene agli uffici, invece, le cause più diffuse di sprechi sono costituite da attese per decisioni, revisioni, dati e risposte, attese per incompatibilità di informazioni o di software, errori di comunicazioni, mancanza di accesso diretto, necessità di informazioni o ulteriori conoscenze, la consegna in ritardo o anche in anticipo (causa di rielaborazioni) delle informazioni.

Molto spesso questi tempi di attesa nascondono vari aspetti, talvolta interagenti, ad esempio: mancanza di disciplina delle persone, errori di progettazione delle linee o del prodotto, mancanza di addestramento adeguato, mancanza di controllo ecc.

Rimuovere tutte le occasioni che possono causare ritardi e/o attese lungo il normale flusso produttivo e delle informazioni può essere talvolta difficile e in alcuni casi molto costoso; tuttavia, va considerato che ogni unità di prodotto "ferma" nel ciclo produttivo equivale a un costo (valore) immobilizzato, che spesso genera inefficienza del processo, ad esempio: operatori o impianti attivi ma sostanzialmente "non operativi", non saturati nella loro potenzialità, quindi ulteriori costi (talvolta neppure facilmente quantificabili).

In conclusione, deve essere fatta un'attenta valutazione dei tempi di attesa dei prodotti/materiali, ove possibile tradotta in "costi" e, in virtù del risultato, deve essere definita la migliore strategia "possibile" per eliminare/ridurre tutti i "ritardi non necessari" nel normale flusso produttivo. Non dimentichiamo che nell'ottica del cliente finale, sopra ricordato, questi "tempi di attesa" impattano direttamente sul Time to market e sul Delivery time del bene/servizio.

Trasporti

Sono tutte le operazioni di trasporto da un posto a un altro, da un reparto a un altro, che indubbiamente hanno un costo soprattutto in termini di risorse, ma non solo, in quanto talvolta generano scarti legati alle operazioni di movimentazione stessa (che a tutti gli effetti è una lavorazione aggiuntiva).

Abitualmente vi sono due aspetti da investigare e su cui intervenire:

- analizzare la causa (motivo) per cui è necessario il trasporto, eliminando/riducendo i vincoli che rendono necessario il trasporto stesso (ad esempio, modificando il layout della linea). La movimentazione riguarda anche le attività intellettuali, in termini di attribuzione delle responsabilità, nonché il trasferimento di lavori incompleti che creano sprechi, quali ad esempio i “semilavorati intellettuali” che determinano, tra l’altro, un abbassamento delle responsabilità personali;
- analizzare e migliorare (ottimizzare) il metodo del trasporto, in termini di *frequenza, distanza da percorrere, tempo necessario.*

L’obiettivo prioritario è l’eliminazione di tutti i trasporti e dei conseguenti passaggi di mano; talvolta, però, potrebbero esserci impedimenti insormontabili, quali costi oltremisura elevati, vincoli "fisici" (ad esempio: muri) o altro, ma è comunque importante operare nell'ottica dell'ottimizzazione "massima possibile". Non potremo chiedere un centesimo di euro in più al nostro cliente finale per questa operazione.

Sovrapproduzione/sovra-utilizzo del sistema

Questo metodo di produzione è tipico soprattutto della produzione tradizionale in lotti, ove la quantità di pezzi da produrre viene definita e pianificata secondo una logica asincrona rispetto agli ordini ricevuti dai clienti finali e spesso comporta, al netto del venduto, la rimanenza (e lo stoccaggio) di una quantità variabile di prodotti finiti (o semilavorati).

Nella logica lean questo costituisce uno spreco, un aggravio di costi (il valore del prodotto invenduto), oltre al già ricordato stoccaggio di una quantità di prodotti "non richiesti" con il conseguente "spreco" di spazio.

È quindi auspicabile "produrre solo il necessario" evitando di sprecare risorse e materiali per realizzare "prodotto per i magazzini". Questo vale, naturalmente, anche per i dati e le informazione non utili e creati in modalità push e non pull negli uffici dell'azienda.

Naturalmente, questo è un presupposto "teorico" non sempre realizzabile in toto nella pratica, che presuppone importanti investimenti (talvolta anche estremamente costosi) in infrastrutture e organizzazione per orientare la produzione (e tutti gli attori che interagiscono con essa) alla massima flessibilità.

I principali presupposti irrinunciabili per il corretto e ottimale funzionamento del sistema sono i seguenti:

- *pianificazione della produzione:* è fondamentale che venga calcolata in modo preciso la quantità di prodotti da realizzare in funzione degli ordini ricevuti tenendo in debito conto le rese e le variabili dei processi componenti le linee di produzione;
- *flessibilità dei processi:* tutti i processi devono essere progettati e realizzati per consentire la massima flessibilità operativa in termini di impianti, operatori, codici, riducendo al minimo i tempi "morti" di cambio codice da produrre;
- *controllo e stabilità dei processi:* i risultati (rese) di tutte le fasi

dei processi devono essere conosciuti, ripetitivi e stabili nel tempo;

- *efficienza dell'organizzazione:* massima efficienza organizzativa in termini di gestione delle risorse umane, gestione dei processi/materiali a supporto della produzione.

Alla luce dei concetti sopra citati appare evidente che fra tutti gli sprechi quest'ultimo è probabilmente quello più difficile da eliminare o comunque da "ottimizzare" perché presuppone una serie di interventi "strutturali" sull'organizzazione, sulle linee produttive, possibile solo con il coinvolgimento (e la sponsorizzazione) dei massimi vertici aziendali.

Tornando al nostro cliente finale, egli non sarà certamente disponibile a sborsare un centesimo di euro in più per coprire il valore dei nostri pezzi invenduti (o lavorati in sovrannumero), tuttavia ai manager farà certamente piacere sapere che parte del "valore immobilizzato" può essere convertito in maggiore profitto per l'azienda stessa. L'ulteriore concetto da applicare all'ufficio è invece quello relativo al fatto che quando un sistema è sovraccarico rende molto meno, vale a dire che, banalmente, rende più, nell'ottica di lungo termine, un gruppo di lavoro carico all'80% che uno al 100%.

Scorte

La presenza di pezzi/materiali nel processo genera, come già ricordato, una quantità di "valore intrappolato" nel processo (Working Capital) proporzionale alla numerosità dei pezzi stessi e funzione dello stato di avanzamento nel flusso produttivo stesso.

Deve quindi essere considerata attentamente l'opportunità di ridurre al minimo possibile la scorta dei materiali e dei pezzi (semilavorati) fra una fase e la successiva (work in progress) del processo per minimizzare il "capitale fermo" nel processo.

Anche in questo caso le difficoltà, soprattutto organizzative, non mancano e, talvolta, coinvolgono anche enti esterni. Ad esempio è possibile che si debba ridiscutere con un fornitore la quantità minima di un dato materiale da consegnarci.

In questo caso però tutto il "capitale" non "intrappolato nel processo" e quindi "liberato" potrebbe essere disponibile per altri usi, per ridurre i costi con benefici per tutti: azionisti, dipendenti e, soprattutto, il nostro cliente finale che potrebbe avere una riduzione del prezzo.

Movimentazioni

Come già ricordato in precedenza, la movimentazione del prodotto non costituisce "valore aggiunto" per lo stesso né per il cliente finale. Apparentemente la movimentazione potrebbe apparire analoga al trasporto (già analizzato) ma in questo caso parliamo di movimentazione all'interno del ciclo di lavorazione.

In altri termini parleremo di trasporto quando si tratta del trasferimento di un pezzo/materiale da un'area (work station, reparto, linea) a un'altra area, di movimentazione quando tale trasferimento avviene all'interno del medesimo ciclo di lavorazione in una postazione definita. Nell'ufficio questo spreco è identificato con la mancanza di accesso diretto.

Rientrano, quindi, in questa categoria tutti i movimenti, gli spostamenti eseguiti sia dall'operatore sia dal prodotto in un ciclo di lavorazione. Detto ciò, potremmo affermare che questo potrebbe essere un compito specifico da affidare a un dipartimento (qualora esista) di Industrial Engineering o a un ufficio *Tempi e Metodi*.

Obiettivo di questa analisi sarà ovviamente minimizzare le movimentazioni necessarie (uomo, macchina, prodotto) all'interno del ciclo di lavorazione, in taluni casi ottenendo anche un miglioramento di produttività.

Difetti

Chiunque abbia operato in una linea di produzione ha dimestichezza con il termine "scarto" inteso come la realizzazione di un pezzo non-conforme alle specifiche e in alcuni casi il rigetto da parte del cliente finale.

Ciò che spesso sfugge all'analisi è la valorizzazione economica di tutte le ri-lavorazioni dei pezzi lungo il processo causate da difettosità generate dal processo stesso, ritenute talvolta normali e/o inevitabili. Nella filosofia lean viene ritenuto spreco la realizzazione di un pezzo difettoso, sia esso scarto sia che necessiti di lavorazioni aggiuntive (o ri-lavorazioni) rispetto allo standard.

Nella realtà non sempre è semplice individuare e risolvere tutti i problemi che possono dare luogo a scarti e/o pezzi difettosi, tuttavia è innegabile che scarti, lavorazioni aggiuntive e rilavorazioni costituiscano una parte rilevante nella struttura dei costi e quindi una ghiotta opportunità. Deve essere analizzato a 360° il pezzo da produrre, coinvolgendo, se necessario, tutti, anche enti esterni alla produzione con lo scopo di minimizzare le opportunità di difetto "intrinseche" al pezzo.

In particolare, ad esempio, la forma: verificare (coinvolgendo se necessario la progettazione e/o lo sviluppo prodotto), analizzare, se esiste, qualche elemento nella conformazione del pezzo che potrebbe incrementare la probabilità di generare pezzi difettosi e in tal caso, ove possibile, eseguire le modifiche appropriate alla forma (modello).

Infine, non va dimenticato il nostro "cliente finale", che in questo caso potrebbe essere direttamente coinvolto ricevendo "pezzi non conformi" e quindi provocando ritorni dal mercato. In conclusione, nella produzione deve essere posta la necessaria attenzione ai pezzi "non conformi": che siano difettosi piuttosto che scarti o rilavorabili provenienti tanto dall'interno (produzione) quanto dall'esterno (mercato), tali pezzi andranno accuratamente analizzati per individuare ed eliminare le cause che li hanno generati.

Nell'ottica d'ufficio bisogna quindi stare allerta riguardo a fretta, mancanza di revisioni, test e verifiche, necessità di ulteriori informazioni o conoscenza.

Processo ridondante

Un'ulteriore forma di sprechi, che si può ritenere "intrinseca" al processo di fabbricazione, ricomprende tutte le inefficienze che provocano:

- rallentamenti del flusso produttivo: code, ritardi ecc.;
- difettosità o scarto sul prodotto;
- incremento dei costi;
- variabilità e instabilità dei risultati (rese) le cui cause più comuni possono essere inefficienze organizzative, mancanza o indisponibilità di risorse (operatore, macchina), carenza o mancanza di formazione adeguata per gli addetti, carenza o mancanza di informazioni essenziali, carenza o mancanza di leadership;

- eccessiva complessità del processo decisionale;
- procedure operative (SOP) carenti, mancanti o imprecise;
- bassa performance degli impianti: guasti frequenti, carenze manutentive, impianti inadeguati o obsoleti ecc.;
- eccessiva variabilità dei parametri di processo: variabili critiche e parametri di processo non "in controllo";
- eccessiva variabilità dei materiali: materiali e materie prime non stabili (fuori tolleranza ammessa);
- attrezzature o strumenti inadeguati: attrezzature, strumenti inadeguati o di difficile utilizzo.

Queste sono soltanto alcune delle cause possibili, ma ve ne potrebbero essere molte altre legate alla peculiarità di ogni processo produttivo. In conclusione è di fondamentale importanza il monitoraggio costante, l'analisi e il miglioramento del processo per garantirne la stabilità e la ripetitività nel tempo.

RIEPILOGO DEL CAPITOLO 1:

- SEGRETO n. 1: Diffondere tra i dipendenti il concetto di innovazione combinata amplifica le possibilità di successo a tutti i livelli.
- SEGRETO n. 2: Creatività e disciplina camminano nella stessa direzione. Schematizzare, standardizzare e frammentare è un impulso alla creatività, all'abbattimento degli sprechi e alla velocità nell'imparare nuove cose.
- SEGRETO n. 3: Ciò che per te può valere poco (o tanto) potrebbe non corrispondere a una percezione condivisa del reale valore del bene/servizio o del processo. Rendi oggettiva la tua valutazione sul valore ponendo al centro il cliente.
- SEGRETO n. 4: Organizzare i maggiori sforzi e concentrare l'impegno all'inizio di un'attività significa minimizzare gli imprevisti e ottimizzare il risultato finale.
- SEGRETO n. 5: La fase progettuale di un prodotto, così come quella di start-up di una qualsiasi azienda, influenza il 70% dei costi totali e genererà, poi, sprechi e problemi se non viene svolta secondo i principi del lean thinking e utilizzando le tecniche del frontloading e del trashing.

- SEGRETO n. 6: In ogni tua scelta punta sempre al guadagno nel lungo o nel lunghissimo periodo. Chiediti sempre: rinunciando a questo, oppure spendendo questi soldi, otterrò un beneficio, maggiore della spesa, tra 2, 3, o 4 anni?
- SEGRETO n. 7: Le cause di spreco in ufficio sono paragonabili in tutto e per tutto a quelle della produzione industriale. Impegnati a capirle e a ricercarle nella tua azienda.

CAPITOLO 2:
Come utilizzare gli strumenti lean

In questo capitolo verranno elencati e descritti alcuni metodi e alcune procedure utilizzate in maniera diversa da varie aziende che, utilizzando l'approccio lean, hanno innovato e hanno avuto successo divenendo, in alcuni casi, leader nel proprio settore.

Come dimostrano i vari casi di implementazione degli approcci sistemici, più avanti descritti con esempi di alcune esperienze sia dirette che indirette, si può affermare che gli strumenti che andrò a elencare non sono da considerarsi uno standard da applicare senza convinzione, o ancora peggio senza anima. Sappi che la loro riuscita è strettamente legata ai concetti espressi nel primo capitolo, che devono essere non solo compresi ma a pieno condivisi e acquisiti senza trascurare nulla dei cardini del lean thinking.

Vorrei invitarti a soffermare la tua attenzione su questa frase latina da tenere sempre in considerazione: «*Quod nullum est, nullum producit effectum*» (ciò che è nullo non produce effetto). Frase importante, e da tenere sempre in considerazione, durante l'applicazione dei sistemi in seguito descritti, in quanto se un sistema non è funzionante non produce effetti utili per l'azienda e pertanto lo sforzo, le risorse e il tempo speso per attuarlo risulteranno essere annoverabili tra le azioni non incubatrici di valore aggiunto.

Inoltre, anche nelle azioni abitudinarie portatrici di spreco, che ho cercato di elencare nel capitolo 1, possiamo rinvenire il senso della frase latina prima citata: un'azione quotidiana, inutile e fonte di spreco, non produce effetti, e quindi non produce alcun valore aggiunto per il cliente, né produce beneficio per l'azienda.

In questo capitolo ho scelto di soffermarmi, tra l'altro, sulla logica del Pull planning che mette al centro di tutto il cliente, dando allo stesso un'accezione certamente più ampia ma indubbiamente più efficace ai fini della realizzazione di un lean system innovativo. Tra i cardini lean c'è da sottolineare quello dell'importanza delle persone che partecipano ai processi o ai progetti; quindi, ugualmente importante è l'implementazione di una *formazione lean* a loro dedicata, la quale ha avuto, nelle aziende precursori della logica lean, dei risvolti estremamente positivi nell'ottica di lungo periodo.

Come creare e cos'è il concept paper

È lo strumento alla base di un progetto. Partendo dal concetto di *visione condivisa* che un team deve avere per arrivare all'obiettivo non si può prescindere dall'individuazione di una persona a capo del progetto. Ricorda, infatti, che l'azienda deve essere sempre un sistema gerarchico con responsabilità ben definite e con una sola persona che decida, per ogni progetto, magari in maniera democratica, quali sono gli obiettivi per il gruppo.

Che tu sia l'imprenditore, il direttore di funzione o quello generale, il Project manager o lo Chief engeneer, la tua funzione è di sintetizzare, attraverso lo strumento del Concept paper, la realizzazione del processo.

Tu sarai il "papà" del prodotto e, in quanto tale, lo conoscerai talmente bene da essere riconosciuto il più autorevole per seguire, in qualità di capo, quel progetto. Fondamentale è raccogliere con mano dati e feedback poiché il capo-progetto dovrà avere una sicurezza massima delle sue convinzioni e valutare direttamente sul campo aiuta non poco, così come fece la Toyota nel già citato caso della Prius, osservando l'uso delle portiere, del cofano o le prestazioni dell'auto durante le attività quotidiane dei clienti.

CONCEPT PAPER

Presentato a ________

Concept Paper No:001/2012

Settore del Progetto:	
Sub settore:	
Data di inizio:	
Luogo:	
Durata del Progetto	
Obiettivo Generale:	
Obiettivi specifici:	
Breve descrizione delle attività:	
Risulatati :	
Target Group(s):	
Finanziatore	
Budget:	
Data:	

Figura 6

Il concept paper è, quindi, una fotografia globale del progetto. Un esempio di come può essere strutturato un concept paper è in **Figura 6**: ad ogni riga può essere dedicato uno spazio a tuo piacimento, anche di una pagina intera o più.

Per quanto concerne gli obiettivi vorrei darti dei consigli utili:

- non devono essere troppo morbidi, poiché potrebbero non riuscire a valorizzare l'importanza del prodotto o del progetto, ma allo stesso tempo non devono essere troppo duri, poiché il progetto dovrà prevedere elementi imprevisti e quindi avere possibilità di essere flessibile;
- non pensare che l'autorevolezza dei responsabili sia poco importante. Spesso, infatti, questi ruoli sono ricoperti, come è giusto che sia, da persone con anni e anni di esperienza che hanno una profonda conoscenza del prodotto.

Sull'importanza degli obiettivi riporto alcune considerazioni di un importante imprenditore che da ormai 40 anni opera nell'ambito caseario, è tra i leader di questo mercato da oltre 20 anni, imprenditore nell'ambito del Real estate (immobiliare) ed è, inoltre, uno dei miei mentori (o, per dirla alla Robert Kiyosaky, il mio ricco padre che ho seguito fin da piccolissimo): mio zio. Lui dice: «La maggior parte delle controversie, nel lavoro come nella vita, deriva dalla divergenza di obiettivi».

Inoltre, mi ha sempre dato questo consiglio: «Punta un obiettivo e credici più di ogni altra cosa perché, anche se non lo raggiungerai come o quando credevi, certamente lo raggiungerai».

SEGRETO n. 8: decidere gli obiettivi è il momento cruciale della fase di sviluppo di un progetto ed è indubbio lo stretto legame tra i risultati e l'attenzione riposta nelle fasi costitutive di un progetto o di un'attività qualsiasi.

Gli obiettivi sono di tre tipologie e, naturalmente, in questa fase iniziale fatta di scelte e di decisioni avrai necessità di una quantità di dati il più possibile ampia (curve trade-off, benchmarking, dati feedback clienti e quant'altro). In estrema sintesi gli obiettivi per un prodotto o un servizio sono di tre tipi:

- costo;
- prestazioni;
- caratteristiche desiderate.

Importantissimo nella redazione del concept paper è pensare al lungo periodo, tienilo sempre a mente. Ad esempio: molto del lavoro fatto in questa fase potrà ritornarti utile durante la progettazione di un prodotto successivo, facendoti risparmiare molto in futuro.

È altresì importante sottolineare che questa è la fase iniziale di un progetto o di un'attività e, nell'ottica di frontloading prima descritta, è la fase in cui si svolge il trashing ossia il kentou. L'implementazione pratica si ottiene programmando degli appuntamenti fissi tra tutti i responsabili e anche (mensilmente, semestralmente o settimanalmente) di tutte le persone coinvolte nel progetto, che sempre, anche durante la fase di produzione o di vendita, devono periodicamente incontrarsi e confrontarsi secondo degli schemi democratici. Il luogo deputato all'interno dell'azienda è l'*obeya room*, di cui parleremo più avanti.

Infine è utile descrivere un caso, quello dell'azienda giapponese Denso, per decifrare l'opportunità derivante dalla valutazione di molteplici strade e soluzioni. È utile e necessario individuare il modus operandi che, come facilmente realizzerai, porta le persone impegnate nel progetto a dedicarci più impegno, e a volte più costi, ma che certamente porterà più beneficio a te e ai tuoi clienti.

La Denso, già educata alle logiche lean e a operare con l'approccio SBCE, di cui discuteremo nel prossimo paragrafo, ha affrontato uno dei problemi più comuni tra fornitore e cliente.

Un problema facilmente rilevabile, quotidianamente, nella maggioranza delle aziende tradizionali (come ho potuto, tra l'altro, personalmente constatare attraverso la mia esperienza nell'ufficio acquisti di un'azienda di forniture antincendio) è il problema delle richieste di listini e schede tecniche con validità più lunga possibile. Ciò non può essere garantito dal fornitore la cui distinta base potrebbe presentare delle variazioni di costo di non poco conto (pensa alla variabilità del prezzo dei metalli) anche nel corso di poche settimane.

Questo balletto di modifiche dei prezzi e delle validità provoca perdite di tempo all'azienda fornitrice e a quella cliente. Nella Denso, durante la fase progettuale di un radiatore per automobili, arrivò la richiesta di un cliente per un radiatore con specifiche ben dettagliate e nettamente diverse da quelle del prodotto in realizzazione. Velocemente si modificò il progetto, partendo dalla stessa componentistica del radiatore già in progettazione, ampliandolo cosicché fossero realizzati altri due differenti prototipi di radiatore.

In totale, quindi, i tre prototipi che realizzati furono quello già in realizzazione, che puntava alla sola qualità ed efficienza, un altro che si confaceva alle caratteristiche richieste dal cliente, e un altro ancora che puntava al contenimento dei costi; tutto ciò fu realizzato coinvolgendo anche il cliente stesso. La Denso ha sfruttato il cliente per creare nuove opportunità modificando la rotta iniziale. Questo caso è utile per introdurre anche il prossimo paragrafo sull'SBCE.

SEGRETO n. 9: il processo di nascita e valutazione delle idee e delle innovazioni aziendali si agevola implementando il metodo SBCE.

Come creare e cos'è l'SBCE (Set Based Concurrent Engineering)

Le idee sono alla base di tutto. Come bisogna far fruttare le idee? Ecco uno schema logico, **Figura 7**, che si deve seguire per elaborare e fare elaborare idee utili ed efficaci:

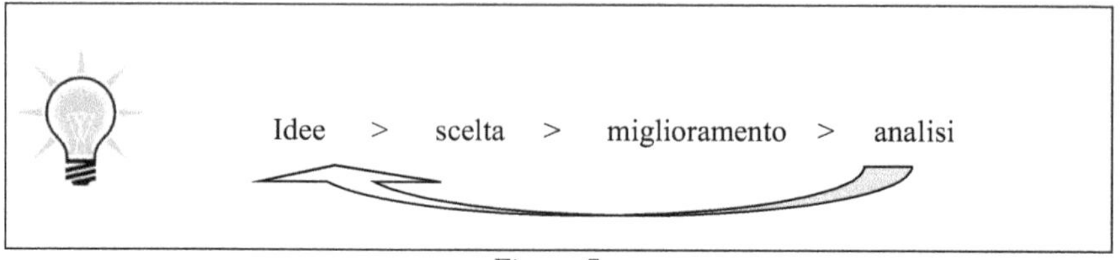

Figura 7

Questo è il cosiddetto modello a imbuto che porterà, attraverso molte sedute di confronto, di valutazione e di trashing programmate (che, come una sorta di "lavatrice", scartano e puliscono le idee) alla realizzazione di una sola delle idee o, per meglio dire, delle poche idee che sono conformi all'effettiva fattibilità. Tutte le idee scartate vengono registrate e conservate in un opportuno database poiché utilizzabili in futuro attraverso delle checklist che sono (per il gruppo di lavoro successivo) l'elemento aggiunto di supporto alla realizzazione delle idee (oltre, naturalmente, agli elementi classici come: il cliente, i colleghi e i fornitori). Questo processo è appunto detto SBCE. Ogni idea viene sviluppata da un gruppo seguendo questo metodo in maniera iterativa e con effetti misurabili fin da subito.

È opportuno, inoltre, considerare il vantaggio, già testato da molte aziende, di far sviluppare il progetto da più sottogruppi, ognuno diretto da un responsabile differente. Ogni sottogruppo realizza un progetto sviluppando idee differenti.

Alla fine un responsabile *super partes* (che può essere il direttore generale, l'imprenditore o il project manager) deciderà, in base alla brillantezza e alla fattibilità delle idee dei gruppi, non solo per l'ottimo globale (cioè l'idea migliore, rafforzata magari da spunti presi dalle idee degli altri sottogruppi), ma anche per un'idea alternativa che costituisce il piano B, che in alcune situazioni risulta essere strettamente necessario.

Come creare e cos'è il VSM (Value Stream Maping)

Innanzitutto ecco un link da cui reperire alcuni strumenti utilissimi e comunque rintracciabili sul web in molteplici siti e in svariatissime modalità, a pagamento e non: http://leanlabo.blogspot.it/2012_07_01_archive.html

Prima parlavamo dell'obeya room: in sostanza si tratta della stanza nella quale si tengono le riunioni, i cosiddetti trashing, descritti nel capitolo 1. In questa stanza si affiggono sui muri dei fogli, generalmente di dimensioni A 3, su cui sono rappresentati schemi e processi alla base del progetto. Uno di questi fogli in formato A 3 è appunto la VSM. La mappatura del flusso del valore (VSM) è forse il più importante strumento lean.

È il primo da utilizzare in ordine di tempo, perché indica dove è più opportuno applicare gli altri, ed è fondamentale per il successo dell'implementazione, perché permette di costruire un solido e comprensivo piano di azione. Purtroppo questo fondamentale processo è trascurato e spesso saltato a piè pari nell'approccio tradizionale poiché si dà per scontato il fatto che "tanto si sa dove sono i problemi".

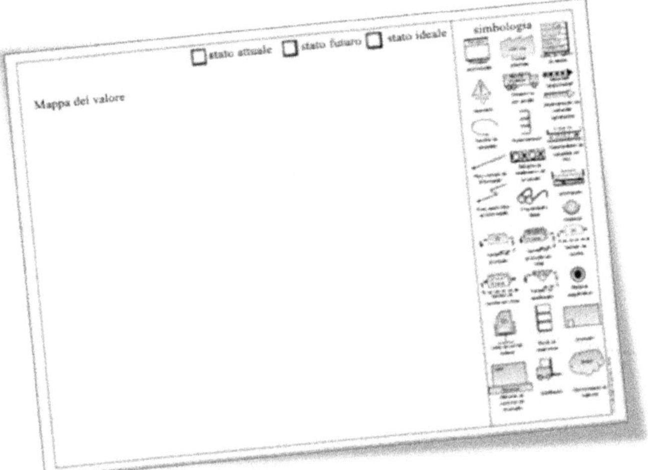

Figura 8

Chiunque abbia subito questo approccio, all'interno di una realtà aziendale, sa quanto possa essere destabilizzante e, purtroppo, anche poco credibile: è abbastanza irritante vedersi arrivare l'esperto di turno alla scrivania, che annuncia fiero: «Facciamo il 5 S!», quando tu pensi che ci sarebbe bisogno di altro, nella tua area e anche in altre. Questo approccio aumenta esponenzialmente le probabilità che lo strumento presentato venga visto come "la moda del mese", e non come una effettiva opportunità di miglioramento. Ma, naturalmente, è necessario attuarlo.

Dal punto di vista del consulente, interno o esterno, che ha assunto il compito di "diffondere gli strumenti", saltare questo passaggio significa perdere una fantastica opportunità di capire il processo, e quindi essere inevitabilmente condannati a una inferiore efficacia, nell'implementazione di ulteriori strumenti, nonché a una resistenza superiore da parte del personale operativo. I passi che devi compiere per l'implementazione sono:

- visualizzare il flusso in cui si collocano le singole attività;
- aiutare a individuare gli sprechi e la loro fonte;
- mettendo insieme concetti e tecniche, realizzare la mappa;
- mostrare il link fra flusso di materiale e flusso di informazioni.

La VSM è, quindi, uno strumento qualitativo, che descrive in dettaglio cosa si fa e cosa si dovrebbe fare. In pratica, rende molto più efficace l'applicazione degli altri strumenti e permette, inoltre, di vedere il valore, differenziarlo dallo spreco, e, disegnando un *future state*, di capire dove e come eliminare gli sprechi.

Bisogna per prima cosa essere molto specifici. I principi lean ci dicono di specificare il valore e ai nostri clienti interessa uno specifico prodotto, non tutta la produzione della fabbrica. Quindi, cosa mappare? Di solito è meglio identificare una famiglia di prodotti, al fine produrre, già con la prima implementazione, vantaggi misurabili. Nell'esperienza sul campo è stato però verificato che, a volte, vale la pena mappare un prodotto specifico prima di passare a identificare le famiglie, perché l'esercizio "apre gli occhi" al team, insegna a pensare in termini di flusso e non di singolo reparto/ufficio, e rende ancora più efficaci gli esercizi successivi.

Una famiglia tecnologica è un insieme di prodotti che passano per le stesse fasi di processo o che hanno almeno il 70-80% delle fasi in comune (lo stesso ragionamento vale per i componenti in comune dei prodotti). Le famiglie si identificano mettendo in matrice prodotti e fasi, per mappare le fasi in comune .

Questo tipo di analisi è importante, perché capita spesso che, "a naso", le persone dicano che in produzione esiste un certo numero di famiglie, ma utilizzando la matrice si ricava un numero diverso, su cui, alla luce dei dati, tutti concordano. Una volta definite le famiglie, ecco alcuni criteri per selezionare da quale partire:

- spesa e rischio *vs* probabilità di successo;
- volumi/quantità;
- impatto su lead time e magazzini;
- impatto sul cliente;
- visibilità agli stakeholders;
- nuova linea o nuovo prodotto.

Per la realizzazione di una mappa del *value stream* e dei box dei dati un esercizio pratico va fatto a matita, con la gomma a portata di mano, e raccogliendo, il più possibile, dati e informazioni direttamente nei luoghi in cui si svolgono le operazioni. In questo modo, il team ha la possibilità di vedere fisicamente il processo (e gli sprechi); inoltre può essere raccolto l'input di chi svolge le operazioni in prima persona (tecnici, operatori). In generale, per ogni fase devono essere raccolti dati del tipo:

- tempo di ciclo;
- tempo di attrezzaggio;
- dimensione lotto;
- numero operatori;
- numero di codici lavorati sulla macchina;
- unità di carico/scarico;
- difettosità.

Naturalmente, in ogni specifico processo, ci possono essere dati caratteristici non compresi nell'elenco. Nella **Figura 9** sono riportate alcune icone standard, altre potrai trovarle sui siti specializzati o sul link segnalato all'inizio di questo paragrafo, le quali vengono utilizzate nel VSM per sintetizzare il flusso e che dovresti memorizzare per compilare il foglio A 3 di **Figura 8**.

SEGRETO n. 10: la mappatura del *value stream* è il modo migliore per identificare dove sono le più significative opportunità di miglioramento e dove sono gli sprechi. Impara a utilizzarla al meglio per ridurre gli sprechi e le inefficienze.

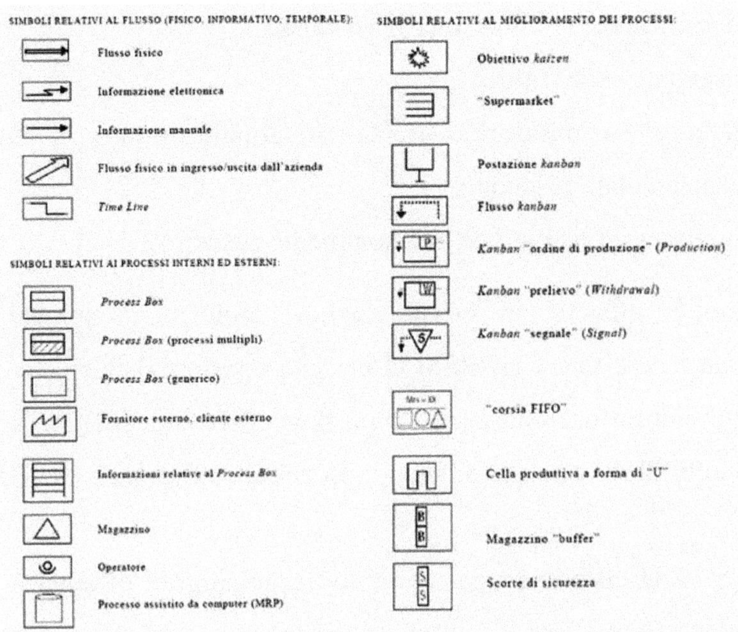

Figura 9

Una volta completata la mappatura, andrà disegnata la "linea del tempo", che ci dice quanto tempo "a valore aggiunto" è contenuto nel lead time. Uno degli obiettivi del *future state* sarà diminuire i tempi non a valore, a vantaggio di quelli a valore (miglioramento del tempo di risposta). Il VSM è, quindi, uno strumento e non un fine in sé. Riassumiamo la road map di utilizzo:

1. disegnare lo stato attuale;

2. identificare sprechi/problemi nel flusso;
3. disegnare stato futuro;
4. definire le azioni per passare da stato attuale a futuro (piano);
5. implementare le azioni;
6. monitorare i risultati ed eventualmente ripartire!

Il fine è ottenere un flusso migliore, con meno sprechi, più efficiente ed efficace. Il VSM ci insegna a vedere il flusso (con più dettagli e informazioni rispetto a un flow chart standard), pensare in termini di flusso anziché di singoli processi, distinti l'uno dall'altro.

Questo fa la differenza, per esempio, fra misurare l'efficienza della singola funzione (magari ottenuta producendo anche sprechi come attese, o extra stock ecc.), e l'efficienza dell'intero flusso, dell'intero ufficio, dell'intero stabilimento.

È importante, ancora una volta, guardare il tutto dall'esterno, con gli occhi del cliente. Affrontare seriamente questo esercizio può significare mettere in discussione anche la cultura e l'organizzazione aziendale, iniziando davvero una modifica caratteriale dell'azienda: può significare, cioè, apportare una trasformazione lean.

In conclusione, va sottolineato che il VSM può essere reso ancora più "visivo" rispetto alle modalità descrittive canoniche, con *l'utilizzo di post-it* per rendere più evidenti le variabili critiche e i vincoli del flusso che si sta esaminando. Ma ricordiamoci che il VSM è uno strumento per raggiungere l'obiettivo, non è l'obiettivo. Ecco un semplice esempio di come costruire una mappa per la produzione di due generici prodotti A e B passo dopo passo. Naturalmente deve essere, per te, solo uno spunto:

Figura 10

1. disegna le icone del Fornitore, del controllo di produzione e del cliente. Punto 1, **Figura 10**;
2. inserisci le richieste del cliente;
3. calcola la produzione quotidiana richiesta dal cliente;
4. disegna l'icona di spedizione in uscita e scrivi la sua frequenza.

Figura 11

1. disegna l'icona di spedizione in ingresso indicandone la frequenza;
2. aggiungi le box di processo in sequenza sempre da sinistra verso destra;
3. aggiungi le tabelle come al presente Punto 7, **Figura 12**;

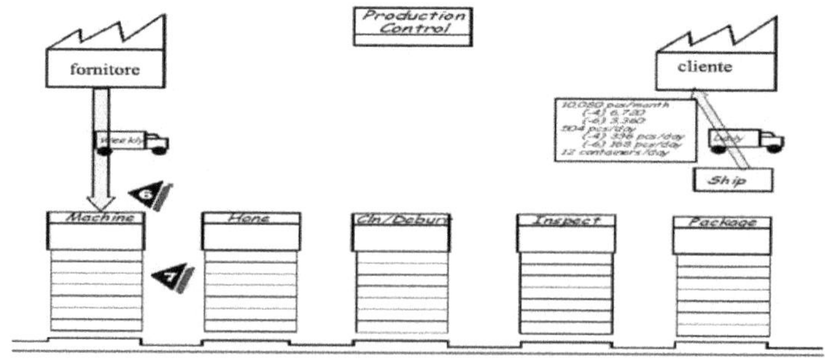

Figura 12

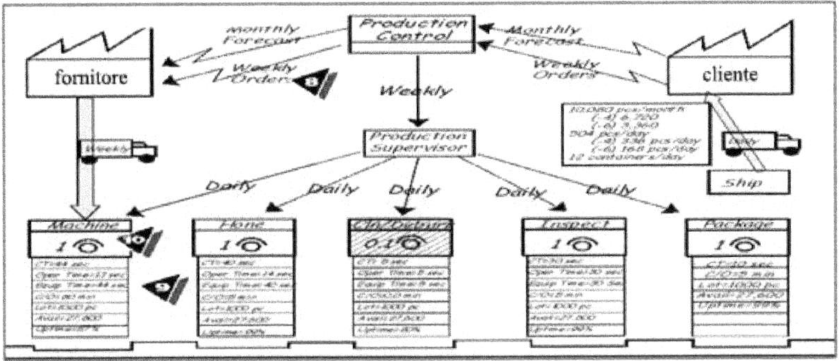

Figura 13

4. aggiungi le frecce di connessione annotandoti la metodologia e la frequenza ;
5. aggiungi i dati nei box;
6. aggiungi i simbolo dell'operatore;

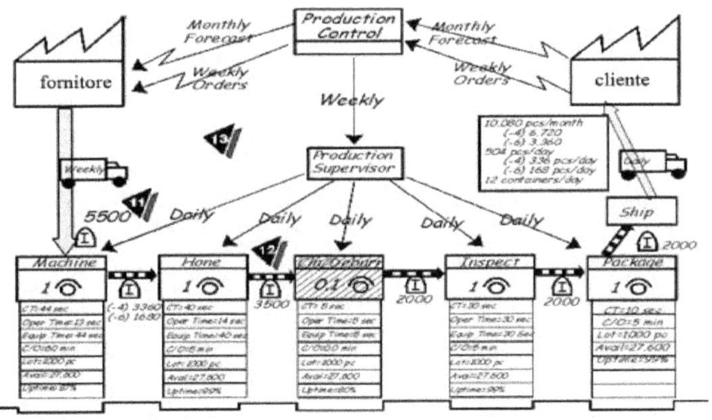

Figura 14

7. aggiungi le posizioni dell'inventario (magazzino) e i livelli di domanda relativamente ai giorni;
8. aggiungi le icone pull, push e quella fifo (entra primo esce primo): il primo prodotto ad entrare è il primo a uscire;
9. aggiungi altre informazioni utili riguardanti tempistiche e metodi;
10. aggiungi il tempo di lavoro;

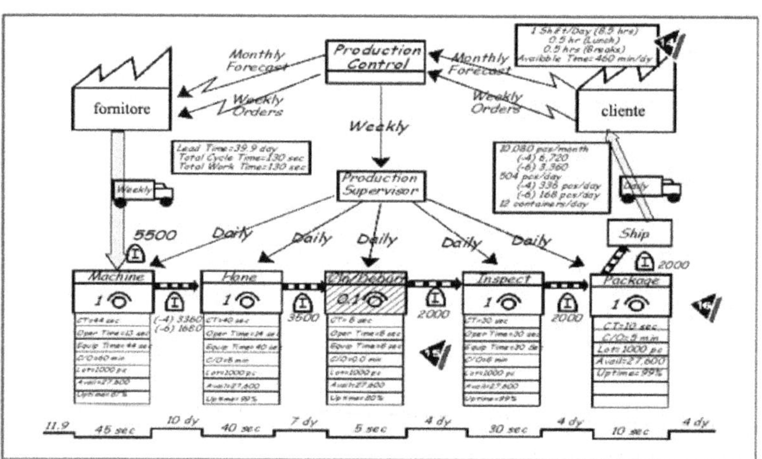

Figura 15

11. calcola il tempo totale del ciclo e il lead time **Figura 15**.

Ecco, in **Figura 16**, la mappa definitiva del flusso di valore:

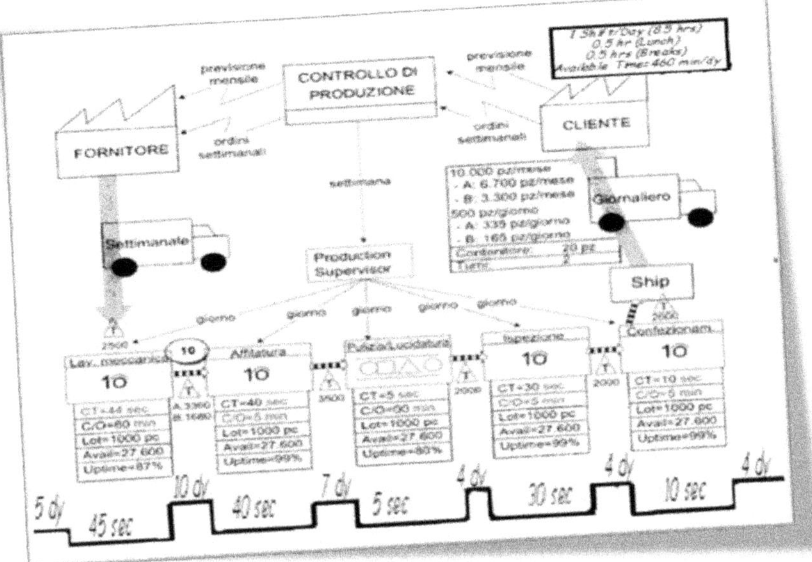

Figura 16

CT = il tempo di traformazione, cioè quello a valore. Lot = lotto di produzione. C/O = tempo di set up. Questo è il tempo necessario a cambiare la produzione da un modello di prodotto a un altro (nel caso dell'esempio da quello A a quello B) oppure, in un ufficio, potrebbe essere il tempo per passare da un'attività intellettuale a un'altra. Uptime e avail = disponibilità degli impianti, dei mezzi in termini di numero e percentuale di probabilità.

Il Pull planning

È una delle pratiche lean più utilizzate e più efficaci all'interno degli stabilimenti e degli uffici. Le perdite di tempo e gli sprechi più sostanziosi, soprattutto in ufficio e durante le attività intellettuali, una volta identificati così come descritto nel capitolo 1 devono essere estirpati e uno dei migliori modi è proprio l'abbattimento di molte delle cause attraverso il pull planning.

SEGRETO n. 11: sostituisci il pull ad ogni tipo di approccio push. Il flusso è più importante del singolo lavoratore e quindi lavorare con il pull planning è una semplificazione dei processi oltre che una responsabilizzazione del dipendente.

Ci sono decine di software, come *l'office project manager*, che possono agevolare graficamente la stesura di un pull planning da esporre su foglio A 3 presso i punti di interesse o, più spesso, nella obeya room. Come la **Figura 8** rappresenta egregiamente, la realizzazione di un piano programmatico delle azioni o delle attività in modalità grafica è uno strumento che agevola la comprensione della VSM e aiuta nella pianificazione delle attività concomitanti al fine di evitare sovrapposizioni o altri tipi di spreco.

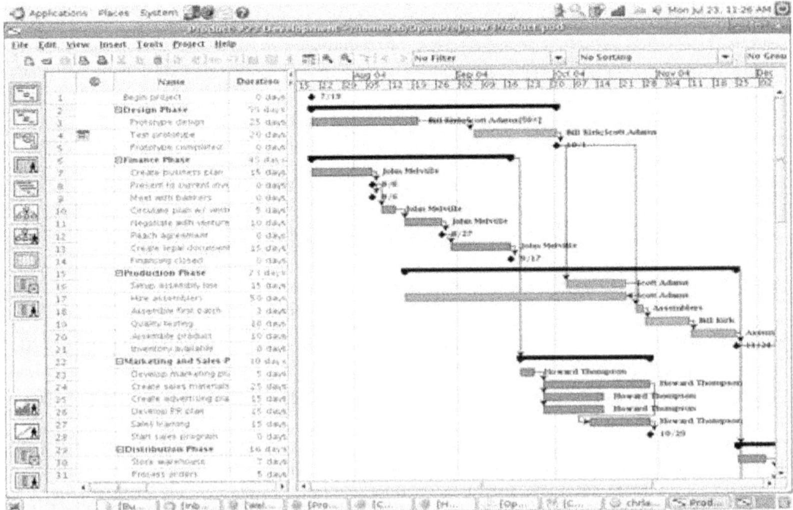

Figura 17

In estrema sintesi si sostituisce il pull a ogni push: ogni azione è tirata dalla successiva e, per l'operatore dell'azione, è sempre un cliente che usufruisce del suo lavoro. È il suo successore temporale, infatti, a governare localmente la qualità della domanda riguardante la sua fase di lavorazione.

Gli altri strumenti lean

Tra i tanti altri strumenti utilizzati nelle aziende lean citerò i tre più semplici, e più efficaci, con cui vengono veicolati i concetti lean:

1. **A 3 report**: sulle pareti dell'obeya room, come puoi notare dall'esempio del link sotto: http://www.xqa.com.ar/visualmanagement/tag/scrumboard/ racchiudiamo tutto in una sola pagina facendo uno sforzo di sintesi che ha il fine di far comprendere con efficacia ciò che si vuole comunicare;
2. **know-how database e checklist**: un archivio ben organizzato di ogni idea scartata, ogni foglio A 3 realizzato, le VSM e tutto il materiale utilizzato per ogni progetto deve essere opportunamente archiviato, e ciò vale anche per le checklist, che sono una sorta di FAQ, ossia un elenco con domande e relative risposte inerenti lo sviluppo di un prodotto o di un'attività che ha il fine di evitare di perdere tempo quando si presentano gli stessi problemi e per evitare che si commettano gli stessi errori;
3. **OPL: one point lesson**. L'obiettivo è simile a quello dell'A3 report ma con un linguaggio differente poiché la sua comprensione deve essere estesa a chiunque possa averne bisogno. Sono posizionati nei pressi dei punti (uffici, stabilimenti, magazzini ecc.) dove serve che siano ben visibili.

Come formare dei dipendenti lean

Ormai è noto che la scuola italiana, così come l'università, non è orientata alla formazione pratica dell'individuo e non lo avvia a un facile inserimento nel mondo del lavoro. D'altra parte è facile rilevare che si è persa, nel nostro mondo, la logica del tramandarsi un mestiere o un'arte.

SEGRETO n. 5: investire sulla formazione è una delle opportunità più facilmente praticabili da qualsiasi azienda al fine di avere personale specializzato e migliorare i profitti. Le aziende che investono in formazione sono quelle in cui si riscontra il tasso più alto di produttività per singolo dipendente (e il tasso più alto di "fedeltà" del dipendente verso l'azienda).

Ciò che invece propone la filosofia lean è proprio ritornare a sistemi che, in tempi ormai lontani, hanno dato notevoli risultati. Il fulcro della logica lean è dare molto spazio allo sviluppo delle competenze, perché senza queste nessun individuo riuscirà, seppur convinto del suo obiettivo, a raggiungerlo. Il modo più veloce ed efficace attualmente applicato nei sistemi lean, e anche in molte aziende tradizionali innovative, potremmo definirlo quello della "T" rovesciata, che si contrappone al percorso di un chief engineer, di un direttore o di un imprenditore a T semplice.

Soffermiamoci sul primo, quello a T rovesciata: ⊥. Il metodo risulta essere comunque molto dispendioso se visto con gli occhi di una persona convinta del fatto che gettare in acqua un dipendente e vedere se nuota o affonda è l'unica logica valida per inserirlo efficacemente nella sua posizione. Abbandoniamo subito questa idea, in realtà, per nulla fondata.

Il significato della ⊥ è quello di sostare più tempo verso il basso per poi tendere verso l'alto. Nel caso di quella rovesciata si intende, infatti, il sostare nei gradini bassi in maniera orizzontale per poi sviluppare un'unica competenza, *una sola* mansione, e questo è un processo che dura da 1 a 4 anni prima di potersi definire completamente chiuso. Questi anni rappresentano la fase di formazione di un individuo.

Per esemplificare il metodo della ⊥ faccio riferimento allo schema di formazione attuato e poi emulato in maniera sistematica da tutti i suoi competitor, dalla multinazionale LIDL, tra i leader nel settore

Grande Distribuzione Organizzata (GDO) e della quale sono stato un dipendente, svolgendo la fase di formazione che prevedeva, per la figura del capo settore, le seguenti 4 fasi:

1. **fase d'aula**: 2 mesi di full immersion in aula su teorie di logistica industriale, pratiche operative della GDO e altre materie inerenti;
2. **fase di apprendimento pratico**: 8 mesi di pratica in varie filiali. Cominciando da garzone di filiale fino a operare come capo filiale passando attraverso le mansioni di cassiere, commesso e capo commesso;
3. **fase di affiancamento**: 6 mesi di affiancamento con varie persone che svolgono da molti anni il ruolo di capo settore nell'azienda;
4. **inserimento**: l'inserimento, come da contratto (dai 6 agli 8 mesi), nella posizione.

Metodi simili sono stati sperimentati ed applicati con successo in aziende come la Toyota ed in moltissime altre aziende di successo.

RIEPILOGO DEL CAPITOLO 2:

- SEGRETO n. 8: Decidere gli obiettivi è il momento cruciale della fase di sviluppo di un progetto ed è indubbio lo stretto legame tra i risultati e l'attenzione riposta nelle fasi costitutive di un progetto o di un'attività qualsiasi.
- SEGRETO n. 9: Il processo di nascita è valutazione delle idee e delle innovazioni aziendali si agevola implementando il metodo SBCE.
- SEGRETO n. 10: La mappatura del Value stream è il modo migliore per identificare dove sono le più significative opportunità di miglioramento e dove sono gli sprechi. SEGRETO n. 11: Sostituisci il pull ad ogni tipo di approccio push. Il pull planning è una semplificazione dei processi oltre che una responsabilizzazione del dipendente.
- SEGRETO n. 12: Investire sulla formazione è una delle opportunità più facilmente praticabili da qualsiasi azienda al fine di avere personale specializzato e migliorare i profitti. Le aziende che investono in formazione sono quelle in cui si riscontra il tasso più alto di produttività per singolo dipendente (e il tasso più alto di "fedeltà" del dipendente verso l'azienda).

CAPITOLO 3:

Chi è l'imprenditore innovativo

Nome	Patrimonio netto	Età	Fonte	Cittadinanza
Carlos Slim Helu & family	$69 Billion	72	Telecom	Mexico
Bill Gates	$61 Billion	56	Microsoft	United States
Warren Buffett	$44 Billion	81	Berkshire Hathaway	United States
Bernard Arnault	$41 Billion	63	LVMH	France
Amancio Ortega	$37.5 Billion	75	Zara	Spain
Larry Ellison	$36 Billion	67	Oracle United	States
Eike Batista	$30 Billion	55	Mining, oil	Brazil
Stefan Persson	$26 Billion	64	H&M	Sweden
Li Ka-shing	$25.5 Billion	83	Diversified	Hong Kong
Karl Albrecht	$25.4 Billion	92	Aldi	Germany

Cosa hanno in comune questi nomi, insieme a quelli di Steve Jobs, Ben Casnocha, Donald Trump, Robert Kiyosaky, Silvio Berlusconi, Michael Bloomberg o Mark Zuckerberg? La prima risposta è: sono tutti imprenditori. La seconda: sono tutti ricchissimi. Ma quello che a te interessa sapere è se si è riuscito, o si può riuscire oggi, a decifrare dei tratti comuni, delle assonanze che possano indirizzarti sui lati caratteriali identificativi di un imprenditore di successo.

La risposta è sì. Nonostante le notevoli diversità di estrazione culturale e sociale, nonché del percorso effettuato per arrivare a scalare le vette del successo, esistono delle corrispondenze, dei piccoli segni comuni, che si deducono dalle analisi delle loro carriere (che ti invito comunque ad approfondire sui loro blog personali, su www.forbes.com, o su testi che trattino di loro) e si evincono dalle diverse statistiche del GEM (Global Entrepreneurship Monitor), che ha studiato empiricamente le analisi svolte da diversi gruppi universitari in 24 nazioni, mediante questionari rivolti a centinaia e centinaia di imprenditori di aziende solide e di successo.

L'imprenditore dalla sua nascita ad oggi

La prima definizione di imprenditore risale agli inizi del 1700 quando l'economista Irlandese Cantillon definì l'imprenditore in una maniera molto più vicina alla concezione odierna di quanto lo fossero tutte le successive. Infatti, con l'avvento dell'industrializzazione e degli economisti "classicisti", tra cui Adam Smith, David Ricardo e Karl Marx, si oscurò il ruolo e l'importanza dell'imprenditore e ne fu negata addirittura l'esistenza. Si predilesse, infatti, un approccio meccanicistico e sistemistico all'economia.

Alla fine dell'Ottocento fu l'economista inglese Walter Bagehon a riprendere il concetto, condiviso per lo più anche dall'economista inglese Alfred Marshall, secondo cui l'andamento nel mercato di un'attività economica dipende dalla persona che opera le scelte: è l'imprenditore che, sovraintendendo e organizzando, decide la rotta vincente o meno. I tedeschi Sombart e Weber, agli inizi del Novecento, legarono poi questi concetti a quelli di Cantillon creando il giusto percorso verso la realizzazione di una concezione, quella della scuola austriaca, che poi, anche se spesso contraddetta e denigrata, si è rivelata essere quella più vicina agli effettivi riscontri storico-economici dal Settecento ad oggi.

Per arrivare alla concezione imprenditoriale attualmente condivisa dalla maggior parte degli economisti e degli accademici si deve aspettare la conclusione degli studi di Joseph Shumpeter il quale, fin dagli inizi del Novecento, preceduto da Carl Manger, fondatore della scuola austriaca e succeduto da Ludwing von Mises, che approfondì e comprovò il suo pensiero, definì l'imprenditore come una figura decisamente fondamentale e *molto complessa, legandola all'innovazione* e introducendo questo concetto del tutto nuovo per l'epoca e forse nuovo ancora oggi.

Tra le altre teorie e tesi riguardanti l'imprenditore e l'imprenditorialità ci sono quelle di Frank Hyneman Knight e Israel Kirzner. Rimando al testo: *Il legame Biunivoco tra imprenditorialità e sviluppo economico: origini, evoluzioni e scelte di policy*, Antonio Thomas, Alfredo Guida editore.

Chi è l'imprenditore di successo

La precedente disamina ha come scopo quello di comprendere il ruolo e la grande opportunità derivante dal fatto di svolgere il ruolo imprenditoriale oggi. Quando Romano Prodi, e dopo di lui tanti altri economisti, suggerirono in sede di Consiglio Europeo agli inizi degli anni Novanta, di incentivare l'imprenditoria perché fonte di occupazione e innovazione, molti storsero il naso e furono sorpresi dal fatto che per incrementare il lavoro e la crescita si stava scegliendo come strada quella dell'incentivazione e la predilezione per l'imprenditorialità.

Ebbene sì, quegli eventi furono indice del fatto che le convinzioni sulle dinamiche economiche precedenti stavano fallendo, gli economisti si stavano ravvedendo e l'economia, prima basata su modelli con risorse inesauribili e troppo lontani dall'umanità e dalle "dimensioni" delle persone, era già sulla strada del collasso. E la crisi oggi ancora in atto non è altro, partendo dalle tesi di Knight ma anche da quelle shumpeteriane, che una miniera di opportunità per coloro che vogliono coglierle: gli imprenditori.

SEGRETO n. 13: l'imprenditore è colui che altera le dinamiche economiche essendo il principale apportatore di innovazione. Il suo ruolo, in un'ottica totalmente innovativa, è propriamente quello di rompere gli schemi preesistenti. Ricorda: seguire il gregge conduce solo alla mediocrità.

Utilizzando le tesi shumpeteriane ricaviamo, oggi, la seguente definizione di imprenditore: «L'imprenditore non è una classe sociale. Non è uno status. L'imprenditore di successo può raggiungere uno status, una ricchezza, un potere rilevanti: ma non per questo resta imprenditore. La sua funzione imprenditoriale è legata alla sua capacità di realizzare innovazione, contro ogni conformismo. E quando si siede sui successi raggiunti, o quando usa i successi raggiunti dai suoi predecessori in azienda, l'imprenditore cessa di essere tale, per trasformarsi in gestore o in rentier».

Come e perché scegliere di diventare imprenditore

Riassumendo e sintetizzando il pensiero di Robert Kiyosaki (con i suoi libri: *Padre ricco, padre povero*; *La cospirazione dei ricchi*; *Guida per diventare ricchi*; ecc.) coadiuvato da Donald Trump, e quelli di Ben Casnocha e Reid Hoffman (con il libro: *The start up of you*), Jay Elliot *(The Steve Jobs way: iLeadership for a new generation),* Sergey Brin e Larry Page, questi ultimi noti a tutti come i creatori di Google (ben riassunta nel lavoro: http://leoni.altervista.org/alterpages/files/GoogleTesto.pdf) e cercando di fondere il tutto, si arriva alla sintetica deduzione che segue.

SEGRETO n. 14: i personal traits di un imprenditore di successo esistono e possono essere, con il giusto approccio, compresi e assimilati da chiunque lo voglia veramente.

Si può facilmente affermare, anche alla luce dei riscontri statistici del GEM, che la prima limitazione nell'intraprendere un'attività imprenditoriale è *la paura*. Molto più delle risorse economiche necessarie, più del contesto socioeconomico di appartenenza e più della preparazione individuale è l'inquietudine derivante dall'affrontare a viso scoperto una cosa nuova e, per sua natura, incerta.

Prendere in mano il futuro e decidere come utilizzarlo è un po' come giocare con un ordigno esplosivo che però, a mio dire, se utilizzato con cura non può che essere usato in maniera utile e non pericolosa per te che lo maneggi. Essere imprenditore vuol dire apportare una scelta definitiva su chi voler essere. La prima cosa che dovresti fare è prendere un foglio bianco e scrivere il tuo obiettivo. Sì, l'obiettivo: il sogno della tua vita o semplicemente cosa ti piacerebbe fare.

Con l'incombere di questa era di glaciazione sociale, economica e finanziaria cosa farai tu per salvare te stesso? Prenditi qualche minuto (anche qualche ora) e poi continua a leggere.

Condividerai questo pensiero con chi ritieni possa darti dei consigli validi e ricordati sempre che darsi degli obiettivi è una cosa fondamentale nella vita. Dopo aver fatto questo identificati tra una di queste 4 categorie:

- **dipendente**: stipendio e guadagni sicuri, tranne che in tempo di crisi. Sarai tra i primi a subire gli effetti delle perdite e l'ultimo ad avere vantaggi dai maggiori guadagni dell'azienda in cui operi. La tua vita sarà schiava dei soldi e ogni tua azione sarà condizionata dalle tue tasche. La libertà decisionale arriverà solo quando e se andrai in pensione;
- **specialista**: libertà, duro lavoro e organizzazione sono i concetti cui si ispira la tua professione. Gestisci il tuo lavoro e il tuo guadagno ma questo presuppone una notevolissima preparazione tecnica di base e, soprattutto, una costante fatica mentale e fisica poiché il tuo guadagno è strettamente legato al tempo dedicato al lavoro. Più sei bravo più guadagni;
- **investitore**: il classico giocatore di borsa o l'investitore immobiliare. Quello che investe i propri soldi, che rischia, che va sul sicuro che perde o che vince ecc. Dedichi il tempo che vuoi alla valutazione dei rischi o deleghi qualcuno (guadagnandoci di meno) e tenendo tutto il restante tempo libero. Presuppone, in ogni caso, un capitale iniziale da investire in capital gains e, sempre, una buona dose di fortuna;

- **imprenditore**: totale libertà è la parola chiave della tua professione. L'altra parola chiave è *delega*. Le tue funzioni sono il controllo e la delega, oppure potrai scegliere di rivestire tuo piacimento, al massimo 2 o 3 ruoli all'interno della tua azienda. Se riuscirai a circondarti di validi dipendenti, a gestirli e a indirizzarli opportunamente, avrai un sicuro successo.

Una volta scelta la tua figura puntala con fermezza e persegui con decisione l'obiettivo prefissato credendoci più di ogni altra cosa. Un cambiamento fondamentale che devi operare su te stesso è quello di abolire i cosiddetti wishful thinking (concetto comune anche al pensiero lean, in particolare nell'individuazione del valore), ossia delle convinzioni talmente radicate nella tua indole, per via delle esperienze pregresse o delle idee che ti hanno inculcato, che ti rendono difficile essere obiettivo e pragmatico su un'opinione o un giudizio.

Come diventare imprenditore?

L'operazione non è difficile e si può organizzare avendo uno schema semplicissimo in mente dopo aver prefissato un traguardo. In seguito sintetizzo alcuni punti per iniziare una qualsiasi attività imprenditoriale, così da farti comprendere quanto divenire un imprenditore è, o comunque può essere, alla tua portata:

- analizzare i bisogni della popolazione su cui si vuole intervenire (città, paese o quartiere), o del tipo di popolazione che si vuole prendere come target (bambini, teenager, produttori di un bene specifico ecc.);
- pensare a un obiettivo relativo alla possibile domanda che è emersa dall'analisi dei bisogni;
- analizzare le risorse che provengono da se stessi e dall'ambiente;
- progettare un intervento che sia un'offerta reale;
- produrre il servizio/prodotto.

Tutto questo deve essere attuato con alcuni dei mezzi citati nel secondo capitolo e con strumenti che citerò in seguito. Ritornando al nostro discorso iniziale, tutti gli imprenditori hanno dei *personal traits* che protendono verso la creazione di qualcosa di personale.

Quali sono i tratti comuni degli imprenditori di successo?

La più comune caratteristica tra tutti gli uomini di successo è certamente una: aver commesso tanti e tanti errori. Forse tra gli uomini più ricchi del mondo si trovano anche le persone che hanno commesso più errori al mondo. Naturalmente il loro pregio è di averne fatto scuola: di avere imparato dai propri errori cercando, dove non c'era guadagno, di non perseverare nell'errore migliorandosi puntando all'obiettivo personale prefissato.

Questo potrà sembrarti a tratti assurdo e irreale, ma ti assicuro che nel background di tutti questi uomini di successo ci sono tanti e tanti fallimenti e delusioni che li hanno aiutati a delineare la strada che più si confaceva alle loro attitudini per giungere all'apice. Ma quali sono queste attitudini?

Ecco alcune statistiche italiane (A. Thomas, 2008) riguardanti le caratteristiche di imprenditori di aziende di successo Italiane (aziende del sud Italia ma rappresentative della situazione presente in tutta l'Italia, compreso il nord-est) e sulle quali ti invito a riflettere:

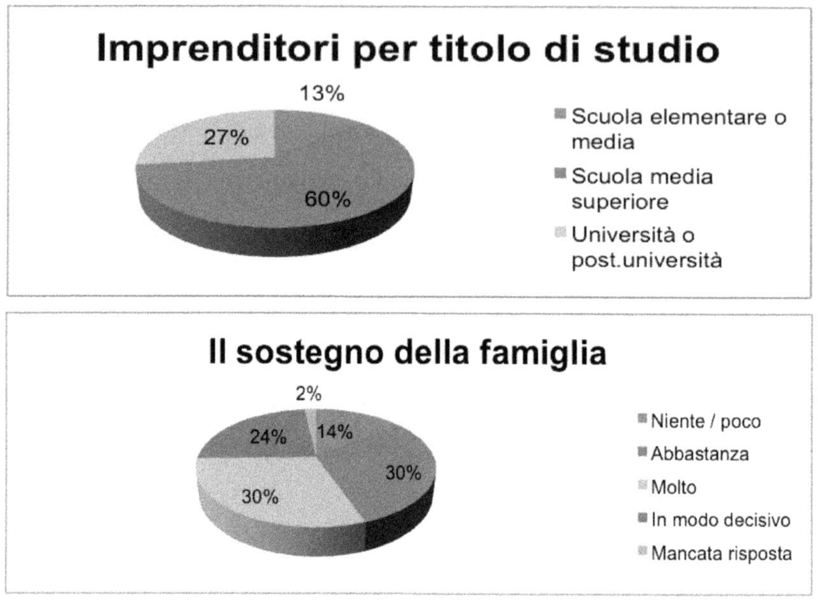

Figura 18

Quindi, tornando a noi, esistono sì delle caratteristiche di base che ora elencheremo, ma sono solo i punti di partenza dai quali poi, attraverso la creatività personale, si va ben oltre.

Sicuramente bisogna:

- *avere la capacità di decidere e di agire in autonomia*: questo è molto importante ma anche relativo: non si può fare tutto da soli. Quello che è indispensabile è avere autonomia di giudizio, prendere decisioni da soli, senza farsi influenzare da altri. Bisogna sempre valutare le conseguenze e le implicazioni delle proprie decisioni. Le decisioni, infatti, sono il motore di un'impresa: ogni decisione sarà seguita da una serie di azioni. La cosa più importante é che le proprie decisioni siano sempre in linea con il proprio progetto strategico, fatto prima di iniziare la produzione del servizio. Perciò l'autonomia delle decisioni viene sempre spalleggiata dalla coerenza;

- *avere* determinazione: ce ne vuole tanta perché la strada da fare, dalla prima idea fino alla realizzazione del proprio progetto, è tanta. Ci sono molti passaggi obbligati e tutti richiedono sempre delle cose nuove da fare e risolvere, e spesso questo non è agevole. Le imprese grandi e piccole sono fatte di persone da contattare, da diverse istituzioni, questo dà spazio a incomprensioni, ostacoli di ogni genere. Per poter andare sempre avanti l'unico carburante è la determinazione di poter realizzare la propria idea e quindi dare vita ad un progetto. Non bisogna certo diventare ostinati e qui ci sono altre caratteristiche che aiutano l'imprenditore: la flessibilità e l'adattabilità. Essere bravi a cambiare in tempo la propria strada, adattando se stessi e la propria impresa a condizioni ambientali nuove;

- *possedere le conoscenze*: servono per affrontare le difficoltà che si incontrano strada facendo: sono tante! Non basta un percorso scolastico che si conclude fino alla laurea (che non è sempre indispensabile) ma serve approfondire almeno uno dei tre tipi di conoscenza che andiamo ad elencare:
  1. conoscenza tecnica del settore;
  2. conoscenza commerciale e relativa alle vendite o all'erogazione del servizio;
  3. conoscenza manageriale per l'organizzazione e la gestione della propria impresa.

È difficile possedere conoscenze in tutti e tre i campi, perciò è preferibile almeno approfondirne uno e lasciare la competenza degli altri due ad altri professionisti/specialisti. A volte ci sono i soci che possono compensare queste competenze; in ogni caso, per poter gestire queste conoscenze che vengono possedute da persone c'è bisogno di una competenza di base per comunicare con gli altri ed esercitare un minimo di controllo.

Fondamentalmente l'imprenditore è una persona che raggiunge gli obiettivi che si prefigge affidandosi all'attività che altri suoi collaboratori svolgono. Per questo assume particolare importanza l'attitudine a guidare e gestire le persone esercitando la leadership. Le capacità che un imprenditore deve saper esercitare sono di tipo tecnico, umano e concettuale. Ciascuna di queste capacità pesa diversamente a seconda del livello organizzativo che si occupa: più basso è il livello e più contano le competenze tecniche, più è alto e più contano le abilità concettuali. Le capacità umane e di relazione interpersonale valgono sempre e per ogni livello di responsabilità.

SEGRETO n. 15: saper delegare è il compito principale dell'imprenditore, subito dopo c'è il saper controllare.

Per creare una nuova impresa bisogna affrontare molti problemi di tipo tecnico e concettuale e solo dopo questa fase (la progettazione), durante la realizzazione, ci si dovrà avvalere del contributo di molti collaboratori con compiti anche diversificati. Ora, oltre alla capacità di comunicare, si dovrà mettere in atto la leadership, la capacità di stimolare il lavoro degli altri, di guidarli, controllarli, delegando loro più o meno responsabilità. Idea comune è che leader si nasce, magari con un certo carisma. Non si può essere così tassativi. Si può diffondere questo tipo di lavoro, attraverso la guida di una persona in particolare che è detentrice dell'idea guida dell'impresa, il responsabile della strategia. Per fare questo bisogna tener conto delle caratteristiche individuali dei singoli partecipanti all'impresa: le motivazioni, la maturità, la capacità di lavorare autonomamente, il bisogno di supporto sia amicale che autoritario. Perciò, piuttosto che soffermarsi sull'essere capaci o meno di essere un buon leader, bisogna conoscere meglio le persone che fanno parte dell'impresa.

La capacità di scambiare dati, di trasmettere informazioni e messaggi in modo efficace ad altre persone, e la capacità di leggere e sentire ciò che i collaboratori comunicano all'imprenditore è il veicolo fondamentale per stabilire le relazioni tra i componenti del gruppo di lavoro. Bisogna pensare quindi a un gruppo che in modo circolare si scambia informazioni creando delle retroazioni, delle modificazioni, dei feedback che influiscono sicuramente sul comportamento e soprattutto sul lavoro. Perciò l'imprenditore deve utilizzare e coordinare tutti gli strumenti di comunicazione necessari per porsi in relazione con i destinatari interni ed esterni dell'impresa.

Le caratteristiche che devi avere in 10 semplici punti

Al fine di smaltire la teoria e non eccedere in altre suddivisioni caratteriali (del tipo imprenditori per necessità o per opportunità) o in analisi sul *n-ach* e la *self confidence* posseduta dagli imprenditori di successo ti suggerisco, grazie alla brillante sintesi di Roger Harrop, 10 caratteristiche/consigli per l'imprenditore di successo che dovrai assimilare al meglio, in ordine:

SEGRETO n. 16: assimila le 10 regole caratteriali e avrai un punto di partenza per lavorare su te stesso.

1. Siate coscienti delle vostre debolezze. É un errore comune tener conto solo dei propri punti di forza. Circondatevi di "numeri 2" che vi completino.
2. Tenete a mente il vostro obiettivo. Sintetizzatelo in una frase che lo definisca perfettamente. Vi aiuterà a non perderlo di vista.
3. Credete in ciò che fate e dite ciò in cui credete. Se si mente, a lungo andare si viene smascherati.
4. Abbiate sempre passione. Se non l'avrete, gli altri non crederanno in voi.
5. Dimostrate coraggio nel correre dei rischi. Non si cresce senza, e

non correrne a volte si rivela fatale.

6. Rispettate le persone. Solo così otterrete la loro totale collaborazione e sincerità.
7. Abbiate sempre un piano B.
8. Non complicate le cose. Scegliete la via della semplicità.
9. Misurate le vostre energie sul lavoro. Essere dei workalchoolic senza vita sociale non farà di voi dei vincenti.
10. Soprattutto, divertitevi in quello che fate!

Sull'ultimo punto vorrei invitarti a non eccedere e a considerare l'altro punto di vista: quando si parla di affari non si scherza! Il lavoro è una cosa seria. L'abilità principe di tutti i tratti indicati, che li lega e definisce la qualità di riuscita dell'opera imprenditoriale, è certamente una: la capacità di negoziare. Tra i tanti corsi e i testi a disposizione io ti consiglio: *Strateghi della Negoziazione*, G. Richard Shell, Il Sole 24 ore.

RIEPILOGO DEL CAPITOLO 3:

- SEGRETO n. 13: L'imprenditore è colui che altera le dinamiche economiche essendo il principale apportatore di innovazione. Il suo ruolo, in un'ottica totalmente innovativa, è propriamente quello di rompere gli schemi preesistenti. Ricorda: seguire il gregge conduce solo alla mediocrità.
- SEGRETO n. 14: I personal traits di un imprenditore di successo esistono e possono essere, con il giusto approccio, compresi e assimilati da chiunque lo voglia veramente.
- SEGRETO n. 15: Saper delegare è il compito principale dell'imprenditore, subito dopo c'è il saper controllare.
- SEGRETO n. 16: Assimila le 10 regole caratteriali e avrai un punto di partenza per lavorare su te stesso.

CAPITOLO 4:
Come diventare un imprenditore innovativo

Il denaro è, prima di tutto, conoscenza: conoscenza delle dinamiche economiche che regolano il mondo e dei mezzi che servono a non farti ingannare e a gestire le tue attività in maniera abile. Questo è ciò che ho descritto, in maniera riassuntiva, di seguito.

Dopo la sintesi analitica del capitolo 3, possiamo rilevare un'evidenza: tra gli svariati tratti culturali, tra la voglia di autodeterminazione e tra tutti gli altri personal traits dell'imprenditore bisogna certamente soffermarsi su quello concernente l'approccio al rischio e all'incertezza. Infatti, è statisticamente comprovato che, a livello globale, in seguito a periodi di crisi che provocano fallimenti e licenziamenti, diminuisce la propensione all'imprenditorialità.

Mio zio, un abile e longevo imprenditore che veniva da una tradizione agreste, non ha conosciuto suo nonno (il mio bisnonno) che, invece, inculcò in suo padre (mio nonno) una tremenda paura nell'intraprendere un'attività imprenditoriale. Il mio bisnonno, in quanto erede di molte proprietà e di attività imprenditoriali riuscì, in concomitanza anche con le varie crisi economiche dell'epoca e con le guerre mondiali, a sperperare tutto, fallendo su tutti i fronti.

In realtà, il mio bisnonno non era stato educato a gestire appropriatamente attività di quel tipo, infatti si trovò poco più che diciottenne, e senza un'esperienza di vita ma solo scolastica, a disporre di beni che non avrebbe voluto e che non sapeva gestire.

SEGRETO n. 17: cancella le tue convinzioni sull'attività imprenditoriale: spesso sono fuorviate da esperienze negative di altri. Fai la tua esperienza e poi traine le tue conclusioni.

Questa esperienza è chiarificatrice del fatto che spesso il nostro giudizio in merito all'assunzione del rischio, come dimostrano anche le statistiche, è strettamente condizionato e fuorviato dalle sensazioni e dalle esperienze che ci hanno trasmesso fin da bambini, quelle che condizionano il wishful thinking.

In conclusione, alla luce anche delle recenti dichiarazioni dei vari capi di stato occidentali sul posto fisso (sono tutti concordi nel riconoscere e affermare che, in pratica, non esiste più e che bisogna adattarsi), dobbiamo concentrarci necessariamente sul fatto che l'unica strada da intraprendere per soddisfare le nostre ambizioni sembra proprio quella di sfidare il rischio e l'incertezza a testa alta e non credere a chi dice che il posto fisso è più sicuro e meno rischioso di un posto da imprenditore. Oggi la tua realizzazione dipende, sempre e comunque, solo da te stesso.

Come considerare il denaro?

Nella vita incontrerai molte persone che giudicheranno il denaro una cosa sporca e, a volte, sentirai anche definirlo inutile ai fini del raggiungimento della felicità. Bene, sarai felice di sapere che queste persone ti stanno prendendo in giro, oppure prendono in giro loro stessi. Il denaro è importante. E bisogna sapere cos'è.

Quelle idee sul denaro, in realtà molto condivise dall'opinione pubblica, derivano da vecchi retaggi culturali e da molte considerazioni, come ad esempio quella secondo cui se conoscessimo a fondo il denaro, nessuno vorrebbe l'istruzione (vedi

Figura 18) messa a disposizione dello stato. In realtà il denaro non è la radice di tutti i mali del mondo, anzi, il denaro non è un problema reale.

Il denaro è solo una "truffa" bancaria attuata dall'uomo; mi spiego meglio: nel 1971 Nixon terminò definitivamente il rapporto tra dollaro e oro. Da allora chi conserva denaro non fa una cosa finanziariamente intelligente! Il dollaro è, per chi governa l'andamento dell'inflazione, così come ogni altra moneta (euro compreso), solo ed esclusivamente carta! Un esempio su tutti è il passaggio dalla lira all'euro: io avevo 3 milioni di lire in banca che dopo il passaggio sono diventati, in un solo giorno, 1550 euro: considerando l'inflazione fino ad oggi, essi hanno un potere di acquisto di soli 770 euro circa. Se avessi cambiato i 3 milioni di lire in oro oggi avrei oro per un valore di circa 20.000 euro. All'epoca del cambio non ho fatto un'azione finanziariamente intelligente!

Ti sembra estraneo questo concetto? I soldi, in realtà, sono solo carta e in quanto tale vengono stampati e ristampati a piacimento di un piccolo manipolo di persone che governa il paese e il mondo. Inoltre, la Borsa è l'espressione, con i sui derivati di derivati di derivati, dell'incongruenza del sistema economico globale, ben rappresentato da una piramide rovesciata le cui fondamenta sono la punta e che può cadere in seguito a piccoli squilibri, come dimostra il succedersi delle crisi economiche.

SEGRETO n. 18: i soldi sono solo carta. Usali e non farti mai comandare da loro ma governali.

Se tu volessi diventare un investitore (ma anche solo per arrivare, un giorno, ad avere una reale indipendenza finanziaria) tieniti aggiornato. Dovrai capire che i soldi bisogna utilizzarli, non sono il traguardo, questo è il modo vincente di stabilire il rapporto tra te e il denaro. Quando e se vorrai investire, studia e impara prima le dinamiche dell'economia globale e poi il significato di termini di borsa come, ad esempio, *shortare* un'azione.

Gli strumenti economici che devi necessariamente conoscere

Un investimento che ha un ROI (return on investment) annuo del 50% indica che investendo 1000 euro ogni anno te ne torneranno 500 indietro. Se il ROI è superiore al tasso medio annuo di interesse sui prestiti, ad esempio il 5%, allora ogni anno guadagnerai 450 euro. Invece, il SimplePayback Period è 2,2 anni, vale a dire che il rientro dell'investimento è previsto in circa 2 anni e 3 mesi.

Questi semplicissimi indici economici servono a farti comprendere l'importanza che la conoscenza degli strumenti economici di base ha sul controllo delle tue finanze o delle finanze della tua azienda. Gli strumenti fondamentali sono gli indici, unitamente al più potente mezzo di controllo per un imprenditore, ossia il cash flow (il flusso di cassa che negli USA è un documento usato anche a fini fiscali).

SEGRETO n. 19: acquisisci gli elementi economici essenziali perché saranno la base solida su cui fonderai tutte le tue scelte.

Utilizza questi mezzi economici, che spesso vengono considerati superflui dalle Università, e impara a governare le tue finanze attraverso l'uso del business plan. Ti suggerisco il seguente corso molto ben illustrato: *Business Plan*, in cui si approfondiscono questi temi. Ricorda che monitorare costantemente la tua azienda attraverso il business plan è una delle regole fondamentali dell'imprenditore. Gli elementi economici sopra elencati sono quelli che devi necessariamente conoscere.

Inoltre, conoscere molti degli strumenti utilizzati nel business plan per la valutazione dei trend e le analisi di mercato ti servirà anche, per esempio, nel contesto di innesco di progetti durante il frontloading in ambito lean (vedi capitoli 1 e 2).

Il profilo delle persone giuste per il tuo team

Tu hai bisogno degli altri e gli altri hanno bisogno di te. Con il team giusto puoi rendere realizzabile anche una cosa apparentemente impossibile. Oltre alle competenze tecniche, che i membri del tuo team dovranno necessariamente possedere, ecco alcuni dei profili personali che devi rintracciare per inserirli nel tuo gruppo:

- **l'istigatore**: qualcuno che ti sprona, che ti fa pensare. Qualcuno che ti invoglia ad alzarti, a viaggiare, a provare, a far accadere le cose. Devi mantenere questa persona eccitata ed entusiasta. È la tua voce di ispirazione;

- **il cheerleader**: questa persona è un tuo grande fan, un tuo forte sostenitore, è un seguace tuo e del tuo lavoro. Premia questa persona per tenerla impegnata. Questa è la voce della motivazione;

- **il dubbioso**: è l'avvocato del diavolo, colui che fa le domande dure e vede i problemi prima che sorgano. Hai bisogno del punto di vista di questa persona. Vuole essere sicuro della sua posizione e, quindi, si accerta del tuo successo. Questa è la voce della ragione;

- **il taskmaster**: è la voce forte e bellicosa che esige di ottenere le cose fatte. Questa persona è il garante del flusso: fa rispettate le scadenze e controlla che gli obiettivi vengono raggiunti. Questa è la voce del progresso;

- **il connettore**; questa persona ti può aiutare a trovare nuove strade e nuovi alleati. Lui si impegna nel trovare il modo di fare accadere qualcosa di magico. Hai bisogno di questo elemento per raggiungere persone e luoghi che altrimenti non potresti raggiungere. Questa è la voce di cooperazione e comunità;

- **l'esempio**: questo è il tuo mentore, è l'eroe, la tua stella polare. È la persona che cerchi di emulare. Questo è il tuo soggetto guida, qualcuno la cui presenza funge da costante promemoria, che ti ricorda che anche tu puoi fare cose incredibili. Vorresti rendere questa persona orgogliosa di te. Questa è la voce dell'autorità.

SEGRETO n. 20: circondati sempre di persone valide e oneste e, nel tuo giro di frequentazioni o nel tuo staff, accertati di trovare sempre un Istigatore, un Cheerleader, un Dubbioso, un Taskmaster, un Connettore ma soprattutto un Esempio.

Come percepire i fondi necessari a far partire un'attività

Nell'attività di start-up di un'azienda, così come di un nuovo progetto, la fase più difficile e complicata è certamente quella di percepire fondi o compartecipazioni nell'attività. La redazione di un efficace business plan insieme al proposito innovativo dell'idea stessa aiutano non poco nell'opera di convincimento che bisogna attuare verso chi è chiamato a partecipare alla tua idea. Bisogna, in questa fase, giocarsi tutte le carte, parlare della tua idea a scapito della segretezza e della riservatezza, ciò deve essere un *must* nel tuo agire quotidiano.

SEGRETO n. 21: utilizza il tuo tempo per accrescere le tue competenze. Cercare di individuare il fondo giusto per la tua attività o il tuo progetto futuro è una delle attività più dure e complicate per chiunque. Cerca sempre nuove opportunità.

Spesso l'opportunità è proprio dietro l'angolo e un tuo amico o un tuo parente potrebbe possedere la facoltà di supportarti in maniera molto più agevole di quanto credi.

Oltre a queste rare eventualità devi dedicare, con abile spirito da negoziatore, il tuo tempo a incontri con associazioni di fondi. Inoltre, devi dedicare il restante tempo alla ricerca di opportunità con metodi convenzionali e non. Come prima cosa vai su questa pagina: http://www.google.it/alerts?hl=it&gl=it e, inserendo la tua mail e la parola "fondi" oppure "opportunità imprenditore", riceverai da google le novità in merito.

Ti segnalo alcuni siti sempre molto utili allo scopo:

- http://www.confinionline.it/ShowRassegna.aspx?Prog=27999
- http://wikiprestiti.org/finanziamenti_fondo_perduto/

Si tratta di fondi, opportunità e altro ancora (come iniziative, progetti cui aderire, incubatori per idee imprenditoriali, associazioni imprenditoriali ecc.). Ti consiglio vivamente di tenere sempre in considerazione i fondi pubblici per giovani imprenditori, qualora tu ne potessi usufruire. Una valida opportunità è rappresentata, inoltre, dai fondi strutturali.

Ti segnalo che esiste una base normativa che difende l'imprenditoria giovanile che vuole creare nuove attività nei settori dei servizi, del turismo, dei beni culturali, dell'agricoltura, dell'innovazione tecnologica e della tutela ambientale. Punto di riferimento è la *Legge 236/93* che introduce utili prestiti agevolati, ma anche dei prestiti a fondo perduto. La norma chiarisce in che modo i giovani imprenditori debbano redigere un piano di business e presentare la domanda per ottenere tali importanti aiuti. Segnalo anche, per chi fosse interessato, la *Legge 135/97.*

Ritengo utile, inoltre, evidenziare che dalla Comunità Europea giungono segnali positivi in favore dell'imprenditoria. In particolare segnalo i finanziamenti per nuove attività indirizzati alle donne. Esiste una legge nazionale di riferimento, *n. 215/1992*, che interpreta le disposizioni Europee e indirizza gli aiuti a queste categorie di imprese:

- società cooperative in cui vi sia almeno il 60% di donne;
- società di capitali le cui quote di partecipazione siano in possesso di donne per almeno i 2/3 o il cui consiglio di amministrazione sia composto per almeno i 2/3 da donne;
- nuove attività e imprese completamente gestite da donne;
- imprese, consorzi, associazioni, enti di formazione che organizzano corsi di formazione, erogano servizi di consulenza e assistenza le cui quote, per il 70%, siano detenute da donne.

Approfondisci tutti i contenuti e gli aiuti previsti nel Fondo Sociale Europeo. Altri due link che ti aiuteranno nel tuo intento:
Fondi Strutturali Europei
Finanziamenti per Giovani Imprenditori

In conclusione vorrei sottolineare come una delle caratteristiche più importanti che un imprenditore deve possedere si ripropone anche nella fase di ricerca dei fondi utili allo start-up di un'attività: l'abilità nella negoziazione. Impara, quindi, a negoziare nel senso più ampio e completo del termine. Ricorda che tra i migliori imprenditori ci sono i migliori venditori. Ti suggerisco, se ne avrai la possibilità, di dedicare qualche anno all'attività di commerciale o venditore in qualche buona azienda, ciò ti tornerà molto utile quando sceglierai di scendere in campo.

RIEPILOGO DEL CAPITOLO 4:

- SEGRETO n. 25: Cancella le tue convinzioni sull'attività imprenditoriale: spesso sono fuorviate da esperienze negative di altri. Fai la tua esperienza e poi traine le tue conclusioni.
- SEGRETO n. 24: I soldi sono solo carta. Usali e non farti mai comandare da loro ma governali.
- SEGRETO n. 23: Acquisisci gli elementi economici essenziali perché saranno la base solida su cui fonderai tutte le tue scelte.
- SEGRETO n. 22: Circondati sempre di persone valide e oneste e, nel tuo giro di frequentazioni o nel tuo staff, accertati di trovare sempre un Istigatore, un Cheerleader, un Dubbioso, un Taskmaster, un Connettore ma soprattutto un Esempio.
- SEGRETO n. 21: Utilizza il tuo tempo per accrescere le tue competenze. Cercare di individuare il fondo giusto per la tua attività o il tuo progetto futuro è una delle attività più dure e complicate per chiunque. Cerca sempre nuove opportunità.

Conclusione

Giunto a questo punto rileggi i tuoi obiettivi ed elabora un percorso per realizzarli. Azzera le tue convinzioni e i tuoi wishful thinking. Sii onesto con te stesso e basa le tue scelte su presupposti razionali e pragmatici senza porre, però, dei limiti ai tuoi sogni e alle tue aspettative di vita.

Ripercorrendo tutti i segreti elencati nei 4 capitoli potrai agilmente ricapitolare i passi fondamentali per divenire un imprenditore innovativo di successo. Dedica qualche giorno all'acquisizione dei mezzi e delle nozioni di base elencate nei Capitoli 3 e 4 dopodiché rielabora i concetti lean dei Capitoli 1 e 2 applicandoli nella vita quotidiana e poi nella tua azienda. Mezzi come il VSM o il concept paper assumono un potere proporzionale alla tua conoscenza dei processi e alle tue competenze economiche. Confrontati sempre e costantemente, in maniera opportuna, con gli altri in merito ai progetti e agli obiettivi.

Dedicati, poi, ad affinare le tue doti e le tue conoscenze da negoziatore perché saranno la chiave del tuo successo. Leggi qualcosa sulle regole e la pratica della negoziazione e mettiti nelle condizione di poterle confutare di persona domandandoti sempre, di volta in volta, dove hai sbagliato, e come puoi migliorare. Dai a tutte le persone l'importanza che meritano. Punta sempre all'innovazione. Le persone sono sempre impressionate da chi, in maniera sistemica e disciplinata, ragiona in modo alternativo, nuovo e originale. Non soffermarti sul tuo guadagno di oggi ma sul tuo guadagno futuro. Il denaro va e viene ma la solidità e la libertà finanziaria è una cosa che si costruisce nel tempo, e certamente dopo aver acquisito una competenza finanziaria efficace e basata sulla cura del cash flow personale.

A questo punto non ti resta che affrontare la sfida di reperire i fondi necessari, segui le mie dritte e tutte le altre strade che ti vengono in mente. Agisci sempre come un uomo di pensiero e pensa come un uomo d'azione. Ricorda che nulla ti forma e ti plasma più della pratica e degli errori che commetterai. Commetti tanti sbagli e rialzati velocemente al fine di divenire più forte e affamato di prima.

Ringraziamenti

Ringrazio, in primis, tutte le persone trovate sul mio cammino durante le tante esperienze professionali, in particolare i dirigenti e i manager della Lidl Italia e i colleghi dell'azienda Megasolare s.r.l., e i miei professori universitari (gli esempi lampanti di come la teoria ha molto, più di quanto si pensi, a che vedere con la pratica): il Prof. R. Passaro e il Prof. A. Thomas e il compianto Prof. A. Falconio. L'imprenditore per antonomasia, Antonio Leone, che mi ha sempre spronato e che con le sue innovative idee imprenditoriali mi ha ancora più convinto circa l'importanza e la certezza che lo sviluppo di una cultura imprenditoriale sana sia la chiave del miglioramento dell'intero ambiente che ci circonda (colgo l'occasione, infatti, per suggerire a tutte le aziende di visitare il sito http://www.cambiomerci.com/).

Ringrazio la sezione editoriale, la Dott.ssa Laura Vitrini e l'editore Bruno per la pubblicazione del lavoro.

Ringrazio te che leggi. Auguro a tutti il meglio.

www.ingramcontent.com/pod-product-compliance
Ingram Content Group UK Ltd.
Pitfield, Milton Keynes, MK11 3LW, UK
UKHW022018190726
13853UKWH00005B/1991